高职高专“十二五”规划教材·经济管理类

财经法规与会计职业道德

主　编　孟　杨　殷云飞

副主编　张晓青　毛德敏

西北工業大學出版社

【内容简介】本书立足于会计专业对财经法规知识的客观需要，以全国会计从业资格考试大纲为依据，针对高职院校教学实际的需要和特点，通过大量的案例和票据开展“以案讲法”的教学，并配备了相关练习题，实现了理论与实践的结合。全书重点突出、结构简单。本书内容共分5章，分别为会计法律制度、支付结算法律制度、税收法律制度、财政法规制度以及会计职业道德等。

本书可作为高职高专财经类与管理类专业教材，也可作为相关专业的教学辅导用书以及在职人员进行培训和参加职称考试的参考书。

图书在版编目（CIP）数据

财经法规与会计职业道德/孟杨，殷云飞主编. —西安：西北工业大学出版社，2013.8
高职高专“十二五”规划教材. 经济管理类
ISBN 978-7-5612-3726-7

Ⅰ.①财… Ⅱ.①孟… ②殷… Ⅲ.①财政法—中国—高等职业教育—教材 ②经济法—中国—高等职业教育—教材 ③会计人员—职业道德—中国—高等职业教育—教材 Ⅳ.①D192.2 ②F233

中国版本图书馆CIP数据核字（2013）第166056号

出版发行：西北工业大学出版社
通信地址：西安市友谊西路127号　　邮编：710072
电　　话：（029）88493844　88491757
网　　址：www.nwpup.com
印 刷 者：北京市彩虹印刷有限责任公司
开　　本：787 mm×1 092 mm　1/16
印　　张：11.125
字　　数：261千字
版　　次：2013年8月第1版　　2013年8月第1次印刷
定　　价：27.00元

前　言

本书立足于会计专业对财经法规知识的客观需要，以全国会计从业资格考试大纲为依据，结合初级财务工作岗位的要求，突出以掌握考取会计从业资格能力为本，注重在掌握基本要求的基础上提升应用能力。针对高职院校教学实际的需要和特点，通过大量的案例和票据开展"以案讲法"的教学，课后配备了相关练习题，实现了理论与实践的结合。全书重点突出、结构简单。

本书内容共分5章，分别为会计法律制度、支付结算法律制度、税收法律制度、财政法规制度以及会计职业道德等。

本书具有以下特点：

(1) 实用性。全书的编写紧扣全国会计从业考试大纲，结构框架与考试大纲同步，同时注重基本岗位技能培养。通过实际案例讲解的方式讲解课程内容，课程内容更具有针对性和实用性，更加便于学生理解。

(2) 新颖性。本书内容以国家新企业会计准则、税法、财政法律制度、支付结算制度为依据，设置了"学习窗""案例""案例分析""思考题"等专栏，并展示实际票样，使学生在学习中能充分身临其境，更加加深学生学习印象。

(3) 综合性。本书在每章内容的编写过程中对于知识要点都附有相关思考题，在章节最后归纳总结本章练习，达到"教、学、做"合一的目的。

本书可作为高职高专财经类与管理类专业教材，也可作为相关专业的教学辅导用书以及在职人员进行培训和参加职称考试的参考书。

本书由新疆农业职业技术学院孟杨、保定职业技术学院殷云飞担任主编；由新疆农业职业技术学院张晓青、毛德敏担任副主编。具体编写分工如下：孟杨负责全书的整体结构设计、第二章的编写以及全书统稿工作；殷云飞负责第一章的编写；毛德敏负责第三章的编写；张晓青负责第四章的编写；由新疆农业职业技术学院郑海燕负责第五章的编写。

由于水平有限，书中难免存在不足之处，笔者将虚心听取各位读者的意见并不断修订和完善。同时将免费提供参考答案和教学课件，供广大教师和考生使用。

编　者

2013年5月

目　录

第一章　会计法律制度

✍学习窗

- ⊙　掌握我国现行会计法律制度的构成，为会计管理工作提供法律保障。
- ⊙　掌握会计核算、监督的主要内容。
- ⊙　识别违反会计监督、会计机构和会计人员规定的行为。
- ⊙　正确辨析会计法的法律责任。

➢案例导入

兴华有限责任公司是一家中外合资企业，2012 年发生了以下事项：

(1) 3 月 15 日，公司会计科一名档案管理人员丁某脱产学习一个星期，公司董事长兼总经理孙某委托单位出纳员李某临时兼管会计档案，未办理会计工作交接手续。

(2) 4 月 15 日，公司从外地购买了一批原材料，收到发票后与实际支付款项进行核对时发现发票金额错误，经办人员在原始凭证上进行了更改并加盖了自己的印章，作为报销凭证。

(3) 5 月 2 日，公司会计科科长退休，公司决定任命自参加工作以来一直从事文秘工作的办公室副主任王某为会计科科长。

(4) 6 月 30 日，公司有一批保管期满的会计档案按规定需要进行销毁，公司档案管理部门编制了会计档案销毁清册，档案管理部门的负责人在会计档案销毁清册上签了字，并于当天销毁。

(5) 9 月 9 日，公司人事部门从外省招聘了一位具有高级会计师资格的会计人员，该高级会计师持有外省的会计从业资格证书，其相关的会计从业资格业务档案资料仍保留在外省的原单位所在地财政部门。

(6) 12 月 1 日，公司董事会研究决定，公司以后对外报送的财务会计报告由王科长签字、盖章后报出。

结合上述情况和会计法的有关规定，你认为以上行为都合法吗？并说明理由。

第一节　会计法律体系的构成

会计法律制度是指国家权力机关和行政机关制定的关于会计工作的法律、法规、规章和规范性文件的总称，简称为会计法规。

目前，我国的会计法规体系基本形成了以《中华人民共和国会计法》《中华人民共和国注册会计师法》为主体的比较完整的会计法规体系，主要包括三个层次，即会计法律、会计行政法规、国家统一会计制度和地方性会计法规。其基本构成如下。

一、会计法律

会计法律是指由全国人民代表大会及其常委会经过一定立法程序制定的有关会计工作的法律。目前我国有两部会计法律，分别是《中华人民共和国会计法》和《中华人民共和国注册会计师法》 。

《中华人民共和国会计法》以下简称《会计法》颁布于1985年1月21日，为满足改革开放和经济发展的要求，1993年和1999年两次修订后的《会计法》，包括总则，会计核算，公司、企业核算的特别规定，会计监督，会计机构和会计人员，法律责任及附则七章共52条。它是会计法规体系中最高的法律规范，是会计工作的基本依据，也是制定其他会计法规的依据。

《中华人民共和国注册会计师法》(以下简称《注册会计师法》)颁布于1993年10月31日，是我国中介行业的第一部法律。《注册会计师法》对注册会计师行业管理体制，注册会计师考试，注册会计师事务所组织形式和业务范围、法律责任等进行了系统规范，为注册会计师行业发展提供了有力的法律保障。

二、会计行政法规

会计行政法规是由国务院制定发布或者由国务院有关部门拟订、经国务院批准发布，调整经济生活中某些方面会计关系的法律规范。制定依据是《会计法》。例如国务院发布的《总会计师条例》《企业财务会计报告条例》等。

《总会计师条例》颁布于1990年12月31日，是对《会计法》中有关规定的细化和有益补充。其对总会计师的地位、作用、职责、权限、任免与奖励等进行了系统规范，特别规定了全民所有制大中型企业应当设置总会计师，并规定设置总会计师的单位在行政领导中，不得设置与总会计师职权重叠的副职。

《企业财务会计报告条例》颁布于2000年6月21日，对企业财务会计报告的构成、编制、对外提供、法律责任等方面做了规定，要求企业负责人对本企业财务会计报告的真实性、完整性负责。企业不得编制和对外提供虚假的或者隐瞒重要事实的财务会计报告。

三、国家统一的会计制度

国家统一的会计制度，是指国务院财政部门根据《会计法》制定的关于会计核算、会计监督、会计机构、会计人员以及会计工作管理的制度。包括会计部门规章和会计规范性文件。

会计部门规章是根据《中华人民共和国立法法》规定的程序，由财政部制定，并以财政部部长签署命令的形式予以公布的。目前有效的会计部门规章有《财政部门事实会计监督办法》

《会计师事务所审批和监督暂行办法》《注册会计师注册办法》《会计从业资格管理办法》《代理记账办法》《企业会计准则——基本准则》《注册会计师全国统一考试违规行为处理办法》等。

会计规范性文件是指主管会计工作的行政部门，即国务院财政部门就会计工作中某些方面所制定并发布的制度办法。制定会计规范的目的是为了贯彻执行会计法律、会计行政法规和会计部门规章。会计规范性文件主要有《企业会计准则第 1 号——存货》等 38 项具体准则及应用指南及《小企业会计制度》《行政单位会计制度》《事业单位会计制度》《民间非营利组织会计制度》《会计基础工作规范》《会计档案管理办法》《会计人员继续教育规定》等。

国家统一的会计制度由国务院财政部门根据《会计法》制定并公布，允许国务院有关部门依照《会计法》和国家统一的会计制度对有特殊要求的行业实施国家统一会计制度的具体办法或补充规定，报国务院财政部门审核批准。军队实施国家统一的会计制度的具体办法，由中国人民解放军总后勤部制定，但须报国务院财政部门备案。

【思考题 1-1】 我国的会计法律制度包括会计法律、会计行政法规、国家统一的会计制度和地方性会计法规，其中由国务院制定的是(　　)。

A. 会计法律　　B.《会计行政法规》

C. 会计规章　　D.《会计法》

【思考题 1-2】 下列各项中，属于会计行政法规的有(　　)。

A. 国务院发布的《总会计师条例》

B. 国务院发布的《企业财务会计报告条例》

C. 省级人大常委会发布的地方会计管理条例

D. 财政部发布的《财政部门实施会计监督办法》

【思考题 1-3】 下列各项中属于国家统一的会计制度的有(　　)。

A. 财政部发布的《会计基础工作规范》

B. 国家税务总局发布的《个体工商户建账管理办法》

C. 财政部、国家档案局发布的《会计档案管理办法》

D. 中国会计学会制定的《中国会计学会章程》

【思考题 1-4】 会计法律制度是指国家权力机关和行政机关制定的各种会计规范文件的总称，下列各项中属于会计法律制度的有(　　)。

A. 会计法律　　B. 会计行政法规

C. 会计规章　　D. 单位制定的内部监督制度

【思考题 1-5】 我国会计行政法规不包括(　　)。

A.《企业财务会计报告条例》　　B.《总会计条例》

C.《会计基础工作规范》　　D.《企业会计准则》

【思考题 1-6】 会计部门规章包括(　　)。

A.《会计法》　　B.《总会计条例》

C.《会计基础工作规范》　　D.《企业会计准则——基本准则》

【思考题 1-7】 《小企业会计制度》是由(　　)发布的。

A. 财政部　　B. 国务院

C. 全国人民代表大会常务委员会　　　　D. 全国人民代表大会

第二节　会计工作管理体制

为了规范会计工作，保证会计工作在经济管理中发挥作用，政府部门在宏观上对会计工作进行了必要的指导、监督和管理，建立了科学、合理的会计工作管理体制。会计工作的管理机制规定了中央、地方、部门、单位各自对会计工作的管理范围、权限职责及其相互关系。我国在《会计法》和《注册会计师法》中已做明确规定，形成了会计行政管理、自律管理和单位会计管理各有侧重、协调发展。

一、会计工作的行政管理

《会计法》规定：国务院财政部门主管全国的会计工作，县级以上地方各级人民政府财政部门管理本行政区域内的会计工作。其体现了“统一领导，分级管理”的原则，由政府主导，其他政府管理部门依据其职责对会计工作进行监督。财政部门主管会计工作，主要是在统一规划、统一领导的前提下，实行分级负责、分级管理，充分调动地区、部门、单位管理会计工作的积极性和创造性。

财政部门在管理会计工作时应发挥业务主管部门和其他管理部门的作用。对会计工作的监管，除了发挥财政部门的主导作用外，审计、税务、人民银行、证券监管、保险监管等部门应当依照有关法律、行政法规规定的职责，对有关单位的会计资料实施监督检查。

【思考题 1-8】 行使会计工作管理职能的政府部门是(　　)。

A. 财政部门　　　　B. 税务部门

C. 审计部门　　　　D. 金融主管部门

1. 会计准则制度及相关标准规范的制定和组织实施

市场经济是法制经济，市场经济活动必须遵循统一的规则。会计准则制度及相关标准规范是市场规则的重要组成部分，是会计监管的重要标准和尺度，是保证会计信息质量、维护社会主义市场经济秩序的重要手段。

作为市场经济活动中必须遵循的统一规则，根据《会计法》的规定，会计准则制度及相关标准规范均由财政部制定，财政部在制定会计准则制度及相关标准规范的过程中，有关部门和地方可以参与其中。会计准则制度及相关标准规范发布后，在财政部的统一规划和指导下，有关部门和地方应积极配合做好组织实施工作。

2. 会计市场管理

会计是一项专业性很强的工作，会计信息质量以及会计师事务所执业质量直接影响到市场秩序，进而关系到国家和社会公众利益。在市场经济条件下，政府必须加强对会计市场的管理，包括会计市场的准入管理、过程的监管和会计市场的退出管理三个方面。

会计市场准入管理包括会计从业资格、会计师事务所的设立、代理记账机构的设立等。

我国有1 000多万会计从业人员，根据《会计法》的规定，会计人员从事会计工作必须通过考试取得从业资格证书，否则就是违法行为。会计从业资格是进入会计职业的门槛，是一种执业资质。因此，会计从业资格的管理就形成我国各级财政部门会计行政管理的重要组成部分。

注册会计师审计在经济活动中起到非常重要的鉴证作用，其目的是增强相关利益方对鉴证对象的信任程度。为保证注册会计师鉴证作用的发挥，维护社会公众利益和投资者的合法权益，我国规定从事社会审计业务的人员必须具有注册会计师资格。

《会计法》规定应当依法设置会计账簿，但不具备设置会计机构或会计人员条件的单位应该委托代理记账机构办理会计业务。申请代理记账机构应当经所在地的县级以上人民政府财政部门批准，并领取有财政部统一印制的代理记账许可证书。

此外，对于会计师市场、培训市场、境外“洋资格”管理等也属于会计市场管理的职能，财政部门对违反会计法律、行政法规规定、扰乱会计秩序的行为，都有权加以严格管理。

3. 会计专业人才的评价

会计人才是国家人才战略的重要组成部分，选拔、评价会计人才是财政部门的重要职责。随着经济的飞速发展和科学技术的日新月异，会计工作日趋负责化和专业化，对会计人员应具备的职业技能等要求不断提高，特别是对高端会计人才的需求十分迫切。目前，我国阶梯式的会计专业人才评价机制已经形成，包括初级、中级、高级会计人才评价机制和会计行业领军人才的培养评价等。除此之外，对现今会计工作者的表彰奖励也属于会计人才评价的范畴。

4. 会计监督检查

会计监督是经济监督体系的重要组成部分，市场经济越发展，越需要加强会计监督。会计监督检查属于政府监管的范畴，它是规范会计秩序，打击违法行为，保证会计信息质量，保护国家、投资者、债权人、社会公众利益，维护社会主义市场经济秩序的重要举措。财政部门实施的会计监督检查主要是会计信息质量检查和会计师事务所执业质量检查。

此外，财政部门对会计市场进行监管，还应依法加强对会计行业自律组织的监督、指导。我国的会计行业的协会主要指中国注册会计师协会以及各省级注册会计师协会，学会主要是中国会计学会和地方会计学会，此外还有一些分行业、分专业的会计学会。财政部和省、自治区、直辖市人民政府财政部门，依据《注册会计师法》对注册会计师协会进行监督、指导。

二、会计工作的自律管理

行业自律是相对于行政管理的一种管理模式，是指行业协会根据会员一致的意愿，自行制定规则，并据此对各成员进行管理，以促进成员之间的公平竞争和行业的有序发展。会计行业自律管理制度是对会计行政管理制度的一种有益补充，有助于督促会计人员依法开展会计工作，树立良好的行业风气，促进行业的发展。我国的会计行业自律组织主要包括中国注册会计师协会和中国会计学会。

（一）中国注册会计师协会

注册会计师协会是由注册会计师组成的社会团体，履行行业的自律管理职能。中国注册会计师协会的主要职责是，制定行业自律管理规范，对违反行业自律管理规范的行为予以惩戒；对注册会计师认知资格和职业情况进行年度检查；组织和推动会员培训工作；协调行业内外部关系，支持会员依法执业，维护会员合法权益等。

（二）中国会计学会

中国会计学会是全国会计领域各类专业组织和个人自愿结成的社会组织，其主要特点是学术性、专业性、非营利性。各省、自治区、直辖市和计划单列市会计学会和全国性专业会计学会也可申请成为中国会计学会的会员。

中国会计学会的主要职责是，组织协调全国会计科研力量，开展会计理论研究和学术交流，促进科研成果的推广和运用；总结我国会计工作和会计教育经验，研究和推动会计专业的教育改革；发挥学会的智力优势，开展多层次、多形式的智力服务工作，包括组织开展中高级会计人员培养、会计培训和会计咨询与服务；开展会计领域国际学术交流与合作等。

三、单位会计工作管理

财政部门对会计工作的管理是一种社会管理活动。单位作为法人独立进行的会计核算属于单位内部的管理活动。

（一）单位负责人要组织、管理好本单位的会计工作

《会计法》第四条规定：单位负责人对本单位的会计工作和跨级资料的真实性和完整性负责。这一规定明确了单位负责人在单位会计工作管理中的权力和责任。单位负责人是指单位法定代表人或者法律、行政法规规定代表单位行使职权的主要负责人。单位负责人是单位的会计责任主体，并不是说单位负责人要事事亲力亲为，更主要的是要根据《会计法》认真组织好、管理好本单位的会计核算和监督工作，保证会计机构和人员依法履行职责。

（二）会计人员的选拔任用由所在单位具体负责

根据《会计法》规定，会计从业人员必须取得会计从业资格证书，担任会计机构负责人应当具备会计师以上专业技术职务资格或者从事会计工作 3 年以上的经历，担任总会计师应当在取得会计师任职资格后主管一个单位或者在单位内一个重要方面的财务会计工作时间不少于 3 年。

【思考题 1-9】 在公司制企业中，对本单位会计工作承担第一责任的是(　　)。

A. 董事长　　B. 总经理

C. 总会计师　　D. 会计机构负责人

第三节　会 计 核 算

会计的基本职能是核算与监督。会计核算是以货币为主要计量单位，通过确认、计量、报

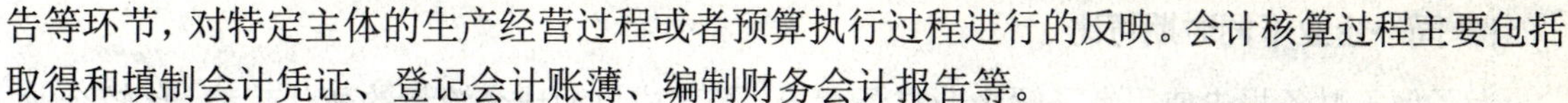

告等环节，对特定主体的生产经营过程或者预算执行过程进行的反映。会计核算过程主要包括取得和填制会计凭证、登记会计账薄、编制财务会计报告等。

一、会计信息质量要求

（一）可靠性

可靠性要求企业应当以实际发生的交易或者事项为依据进行确认、计量和报告，如实反映各项会计要素及其他相关信息，保证会计信息真实可靠、内容完整。会计信息要有用，必须以可靠为基础，如果财务报告所提供的会计信息是不可靠的，就会误导投资者的决策，以致给他们带来损失。

（二）相关性

相关性要求企业提供的会计信息应当与投资者等财务报告使用者的经济决策需要相关，有助于财务报告使用者对企业过去、现在或者未来的情况作出评价或者预测。

会计信息是否有用，是否具有价值，关键是看其与使用者的决策需要是否相关，是否有助于决策或者提高决策水平。相关的会计信息应当能够有助于使用者评价企业过去的决策，证实或者修正过去的有关预测，因而具有反馈价值。相关的会计信息还应当具有预测价值，这会有助于使用者根据财务报告所提供的会计信息预测企业未来的财务状况、经营成果和现金流量。例如区分收入和利得、费用和损失，区分流动资产和非流动资产、流动负债和非流动负债以及适度引入公允价值等，都可以提高会计信息的预测价值，进而提升会计信息的相关性。

会计信息质量的相关性要求，企业在确认、计量和报告会计信息的过程中，充分考虑使用者的决策模式和信息需要。但是，相关性是以可靠性为基础的，两者之间并不矛盾，不应将两者对立起来。也就是说，会计信息在可靠性前提下，尽可能地做到相关性，以满足投资者等财务报告使用者的决策需要。

（三）清晰性

清晰性又称可理解性，要求企业提供的会计信息应当清晰明了，便于财务报告使用者理解和使用。

企业编制财务报告、提供会计信息的目的在于使用，而要让使用者有效使用会计信息，应当能让其了解会计信息的内涵，弄懂会计信息的内容，这就要求财务报告所提供的会计信息应当清晰明了，易于理解。只有这样，才能提高会计信息的有用性，实现财务报告的目标，满足向财务报告使用者提供决策有用信息的要求。

会计信息毕竟是一种专业性较强的信息产品，在强调会计信息可理解性的同时，还应假定使用者具有一定的有关企业经营活动和会计方面的知识，并且愿意付出努力去研究这些信息。对于某些复杂的信息，如交易本身较为复杂或者会计处理较为复杂，但若其与使用者的经济决策相关的，企业就应当在财务报告中予以充分披露。

（四）可比性

可比性要求企业提供的会计信息应当相互可比。这主要包括以下两层含义。

1. 同一企业不同时期可比

为了便于财务报告使用者了解企业财务状况、经营成果和现金流量的变化趋势，比较企业在不同时期的财务报告信息，全面、客观地评价过去、预测未来，从而做出决策。会计信息质量的可比性要求同一企业在不同时期发生的相同或者相似的交易或者事项，应当采用一致的会计政策，不得随意变更。但是，满足会计信息可比性要求，并非表明企业一定不能变更会计政策，如果按照规定或者在会计政策变更后可以提供更可靠、更相关的会计信息，可以变更会计政策。有关会计政策变更的情况，应当在附注中予以说明。

2. 不同企业相同会计期间可比

为了便于财务报告使用者评价不同企业的财务状况、经营成果和现金流量及其变动情况，会计信息质量的可比性要求不同企业在同一会计期间发生的相同或者相似的交易或者事项，应当采用规定的会计政策，确保会计信息口径一致、相互可比，以使不同企业按照一致的确认、计量和报告要求提供有关会计信息。

（五）实质重于形式

实质重于形式要求企业应当按照交易或者事项的经济实质进行会计确认、计量和报告，不仅仅以交易或者事项的法律形式为依据。企业发生的交易或事项在多数情况下，其经济实质和法律形式是一致的。但在有些情况下，会出现不一致。例如，以融资租赁方式租入的资产虽然从法律形式来讲企业并不拥有其所有权，但是由于租赁合同中规定的租赁期相当长，接近于该资产的使用寿命；租赁期结束时承租企业有优先购买该资产的选择权；在租赁期内承租企业有权支配资产并从中受益等，因此，从其经济实质来看，企业能够控制融资租入资产所创造的经济利益，在会计确认、计量和报告上就应当将以融资租赁方式租入的资产视为企业的资产，列入企业的资产负债表。

（六）重要性

重要性要求企业提供的会计信息应当反映与企业财务状况、经营成果和现金流量有关的所有重要交易或者事项。

在实务中，如果会计信息的省略或者错报会影响财务报告使用者据此做出决策，该信息就具有重要性。重要性的应用需要依赖职业判断，企业应当根据其所处环境和实际情况，从项目的性质和金额大小两方面加以判断。

例如，我国上市公司要求对外提供季度财务报告，考虑到季度财务报告披露的时间较短，从成本效益原则的考虑，季度财务报告没有必要像年度财务报告那样披露详细的附注信息。因此，中期财务报告准则规定，公司季度财务报告附注应当以年初至本中期末为基础编制，披露自上年度资产负债表日之后发生的、有助于理解企业财务状况、经营成果和现金流量变化情况的重要交易或者事项。这种附注披露，就体现了会计信息质量的重要性要求。

（七）谨慎性

谨慎性要求企业对交易或者事项进行会计确认、计量和报告应当保持应有的谨慎，不应高估资产或者收益、低估负债或者费用。

在市场经济环境下，企业的生产经营活动面临着许多风险和不确定性，如应收款项的可收回性、固定资产的使用寿命、无形资产的使用寿命、售出存货可能发生的退货或者返修等。会计信息质量的谨慎性要求，企业在面临不确定性因素的情况下做出职业判断时，应当保持应有的谨慎，充分估计到各种风险和损失，既不高估资产或者收益，也不低估负债或者费用。例如，要求企业对可能发生的资产减值损失计提资产减值准备、对售出商品可能发生的保修义务等确认预计负债等，就体现了会计信息质量的谨慎性要求。

（八）及时性

及时性要求企业对于已经发生的交易或者事项，应当及时进行确认、计量和报告，不得提前或者延后。

会计信息的价值在于帮助所有者或者其他使用者作出经济决策，具有时效性。即使是可靠、相关的会计信息，如果不及时提供，就失去了时效性，对于使用者的效用就大大降低甚至不再具有实际意义。在会计确认、计量和报告过程中贯彻及时性，一是要求及时收集会计信息，即在经济交易或者事项发生后，及时收集整理各种原始单据或者凭证；二是要求及时处理会计信息，即按照会计准则的规定，及时对经济交易或者事项进行确认或者计量，并编制出财务报告；三是要求及时传递会计信息，即按照国家规定的有关时限，及时地将编制的财务报告传递给财务报告使用者，便于其及时使用和决策。

二、会计核算的一般要求

（一）依法建账

建账是如实记录反映经济活动情况的重要前提。主要包括以下几点要求：

(1) 国家机关、社会团体、公司、企业、事业单位和其他组织，都应当按照《会计法》的规定设置会计账簿，进行会计核算，不具备建账条件的，应实行代理记账。

(2) 设置会计账簿的种类和具体要求，应当符合《会计法》、会计行政法规和国家统一会计制度的规定。

(3) 各单位发生的各项经济业务事项应当统一进行会计核算，不得违反规定私设会计账簿进行登记、结算。

（二）对会计核算依据的基本要求

《会计法》规定，各单位必须根据实际发生的经济业务事项进行会计核算，填制会计凭证，登记会计账簿以及编制财务会计报告。任何单位不得以虚假的经济业务事项进行会计核算，填制会计凭证，登记会计账簿以及编制财务会计报告。任何单位不得以虚假的经济业务事项或者资料进行会计核算。

会计核算应当以实际发生的经济业务事项为依据。其具体要求是，根据实际发生的经济业务，取得合法、可靠的凭证，并据此登记账簿，编制财务会计报告，形成符合质量标准的会计资料。

以虚假的经济业务事项或资料进行会计核算，是一种严重的违法行为。以虚假的经济业务

事项为核算对象，会导致所生成的会计资料与实际发生的经济业务事项不符，造成会计资料失真，侵害财务相关人的利益，扰乱社会经济秩序。因此，《会计法》做出禁止性规定：“任何单位不得以虚假的经济业务事项或者资料进行会计核算。”如果以虚假的经济业务事项或资料为依据进行会计核算，属于严重违法行为，将受到法律的严厉制裁。

（三）保证会计资料的真实和完整性

会计凭证、会计账簿、财务会计报告和其他会计资料是各单位进行经营和业务管理、有关财务关系人了解经济情况以及国家据此进行宏观经济分析和调控的重要依据，也是正确反映各方面经济利益的最基础的数据。如果会计凭证、会计账簿、财务会计报告和其他会计资料不符合国家统一的会计制度要求，不仅会导致一个单位会计核算工作的混乱并影响本单位经营和业务管理工作的正常进行，也会影响国家和有关方面对这个单位经营和业务情况的正确评价和了解。

《会计法》还突出强调了 “任何单位和个人不得伪造、变造会计凭证、会计账簿及其他会计资料，不得提供虚假的财务会计报告”。这里的伪造会计凭证，是指以虚假的经济业务为前提，编制会计凭证，以达到以假充真的目的。变造会计凭证是指利用涂改、挖补或其他方法改变会计凭证的真实内容，如将原始凭证中的数量、单价、金额进行涂改。伪造、变造会计账簿，主要是指不按照国家统一的会计制度的规定设置和使用会计账簿，利用另外设账，不按要求记账，或者对内和对外采取不同的计算口径、计算方法、计算依据等非法手段，以达到偷漏税收、隐瞒收支或其他违法违纪的经济活动等目的。虚假的财务会计报告，是指不是按规定根据账簿记录编制而是按照虚假的账簿记录编制或者任意编造，使财务会计报告数据没有真实、准确地反映单位的经济活动情况的财务报告。伪造、变造会计凭证及会计账簿，提供虚假财务会计报告都是严重违法行为。各单位应当保证会计核算资料的文字说明、数量、金额、业务发生时间等必须有根有据，与经济活动的事实完全相符，不得歪曲捏造；不误记，要使发生的一切会计事项全部地、一项不漏地进行会计核算；不得另设账簿，搞“小金库”，对外搞虚假报表，各单位全部的生产经营业务活动只能有一本账。

【思考题 1-10】 王某将金额为 3 000 元的购货发票改为 8 000 元。该行为属于(　　)。

A. 伪造会计凭证　　B. 变造会计凭证

C. 伪造会计账簿　　D. 变造会计账簿

（四）正确采用会计处理方法

会计处理方法是指在会计核算中采用的具体方法。企业采用的会计处理方法，前后各期应当一致，不得随意变更。确有必要变更的，应当按照国家统一的会计制度的规定变更，并将变更的原因、情况及影响在财务会计报告中予以说明，以便于会计资料使用者了解会计处理方法变更对其会计资料影响的情况。

（五）正确使用会计记录文字

会计记录文字是在进行会计核算时，为记载经济业务发生情况和辅助说明会计数字所体现的经济内涵而使用的文字。《会计法》规定，会计记录文字应当使用中文，在民族自治地方，可以同时使用当地通用的一种民族文字。三资企业可以同时使用一种外国文字。即中文的强制性，其他文字的备选性。

【思考题 1-11】 在中国境内的外商独资企业，会计记录使用的文字符合规定的是(　　)。

A. 只能使用中文，不能使用其他文字　　B. 只能使用外文

C. 在中文与外文中选一种　　D. 使用中文，同时可以选一种外文

(六) 使用电子计算机进行的会计核算必须符合法律规定

使用电子计算机进行会计核算，是指以电子计算机为主的当代电子和信息技术应用于会计工作的简称。为保证计算机生成的会计资料真实、完整和安全，《会计法》对会计电算化做了两方面的规定：一是使用的会计核算软件必须符合国家统一的会计制度的规定，二是用电子计算机软件生成的会计资料必须符合国家统一的会计制度的要求。

三、会计核算的内容

(1) 款项和有价证券的收付。

(2) 财物的收发。

(3) 债权债务的发生和结算。

(4) 资本、基金的增减。资本指所有者权益中的投入资本。基金指依法设立的特定用途的专项资金，如政府基金、社保基金等。

(5) 收入、支出、费用、成本。

(6) 财务成果的计算和处理。

(7) 其他事项。

四、会计年度的规定

会计年度是以年度为单位进行会计核算的时间区间，是反映单位财务状况、核算经营成果的时间界限。我国的会计年度自公历 1 月 1 日起至 12 月 31 日止，与我国的财政、计划、统计和税务等年度保持一致。

五、记账本位币的规定

记账本位币是指日常登记会计账簿和编制财务会计报告时用以计量的货币，也就是单位进行会计业务核算时所使用的货币。根据《会计法》规定，会计核算以人民币为记账本位币。业务收支以人民币以外的货币为主的单位，可以选定其中一种货币作为记账本位币，但是编报的财务会计报告应当折算为人民币。

六、会计凭证的规定

会计凭证是指记录经济业务发生和完成情况，明确经济责任的书面证明，是登记账簿的依据。具体包括原始凭证和记账凭证。

1．原始凭证

原始凭证是指在经济业务事项发生时由经办人员直接取得或填制，用以表明某项经济业务已经发生或完成的情况，并明确有关经济责任的一种凭据。原始凭证有自制的也有外来的，外来的原始凭证如商品购货发票、收据，自制的原始凭证如单位库房开出的入库单等。

从外单位取得原始凭证，必须盖有填制单位的公章；购买实物的原始凭证，必须有验收证明。对不真实、不合法的原始凭证，有权不予受理，并向单位负责人报告，请求查明原因，追究有关当事人的责任；对记载不准确、不完整的原始凭证予以退回，并要求经办人员按照国家统一的会计制度的规定进行更正、补充。

【思考题 1-12】 对不真实、不合法的原始凭证会计人员有权不予受理，并向(　　)报告。

A. 上级主管单位负责人　　　　B. 本单位负责人

C. 会计机构负责人　　　　D. 总会计师

原始凭证所记载的各项内容均不得涂改，随意涂改的凭证为无效凭证。原始凭证内容有错误的，应当由开具单位重开或更正。更正必须由原开具单位进行，并在更正处加盖单位印章；原始凭证金额出现错误的不得更正，只能由原单位重开。

【思考 1-13】 下列对外来发票出现错误金额的处理中，符合法律规定的是(　　)。

A. 退回原出具单位，并由原出具单位划线更正并加盖公章

B. 退回原出具单位，并由原出具单位重新开发票

C. 接受单位直接更正，并要求原出具单位说明情况同时加盖单位公章

D. 接受单位直接更正，并说明情况同时加盖单位公章

2．记账凭证

记账凭证是指对经济业务事项按其性质加以归类，确定会计分录，并据以此登记会计账本的凭证。记账凭证按其反映经济业务的内容不同，分为收款凭证、付款凭证和转账凭证，记账凭证必须根据审核无误的原始凭证和有关资料进行编制。

当一张原始凭证所列的支出需要由两个以上的单位共同负担时，应当由保存该原始凭证的单位开具原始凭证分割单给其他应负担的单位。

【案例分析 1-1】

2013 年 8 月，甲公司收到一张应由甲、乙两公司共同承担费用的原始凭证，甲公司会计人员以该原始凭证及应承担的费用进行了账务处理。应乙公司的要求，将原始凭证的复印件给了乙公司做账务处理。

请问甲公司会计人员的做法对吗？应该如何处理？

七、会计账簿的设置与登记

会计账簿是指由一定格式的账页组成的。会计账簿的登记，必须以经过审核的会计凭证为依据，并符合会计制度的规定。《会计法》第十五条规定：“会计账簿包括总账、明细账、日记账和其他辅助性账簿。”会计账簿应按连续编号的页码顺序进行登记。发生错误或隔页、缺号、跳行的，按国家统一的会计制度规定的方法更正，并由会计人员和会计机构负责人(会计主管

人员)在更正处盖章。

为了保证账簿记录的真实、可靠、正确、完整，对账簿和账户所有记录的有关数据应加以检查和核对，这种检查和核对工作，在会计上叫作对账。对账的基本内容包括账证核对、账账核对、账实核对、账表核对，以达到账证、账账、账表、账实相符。账簿核对工作每年至少进行一次。

【思考题 1-14】 对企业实际发生的经济业务事项按其性质进行了归类、确定会计，并据以登记会计账簿的凭证是(　　)。

A. 原始凭证　　B. 记账凭证

C. 销货凭证　　D. 购货凭证

【思考题 1-15】 登记账簿要遵守的规定有(　　)。

A. 按照连续编号的页码顺序登记

B. 不得隔页、缺号，必要时可以跳行

C. 记录发生错误应当依法更正，并由会计人员和会计机构负责人在更正处盖章

D. 记录发生错误应当依法更正，并由会计人员和单位负责人在更正处盖章

八、编制会计报告

财务会计报告是指企业对外提供的反映企业某一特定日期的财务状况和某一会计期间的经营成果、现金流量等会计信息文件，包括财务报表和其他财务报告中披露的相关信息和资料。财务会计报告应当依据经过审核的会计账簿记录和有关资料编制，并符合国家统一的制度。财务会计报告由会计报表(资产负债表、利润表、现金流量表、各种附表)、会计报表附注、财务情况说明书组成。

财务会计报告对外提供时应由单位负责人(指单位的法定代表人)和主管会计工作的负责人、会计机构负责人(会计主管人员)签名并盖章；设置了总会计师位置的还必须由总会计师签名并盖章。单位负责人应保证会计报告的真实性和完整性。

【思考题 1-16】 下列应当在对外提供的财务报告上签字并盖章的有(　　)。

A. 单位负责人　　B. 总会计师

C. 会计机构负责人　　D. 报表编制人员

国有企业、国有控股的或占主导地位的企业，应当至少每年一次向本企业的职工代表大会公布财务会计报告。重点说明以下内容：

(1) 反映与职工利益密切相关的信息，包括管理费用的构成，企业管理人员工作、福利，职工工资、福利，公益金的提取及使用，利润分配等；

(2) 内部审计发现的问题及纠正情况；

(3) 注册会计师审计的情况；

(4) 国家审计机关发现的问题及纠正情况；

(5) 重大的投资、融资和资产处置决策及其原因的说明等；

(6) 需要说明的其他重要事项。

企业向有关各方提供财务会计报告，其编制基础、编制依据、编制原则和方法应当一致，不得提供不同的财务会计报告。

九、财产清查

为了掌握各项财产物资的真实情况，保证账实相符，必须在账簿记录的基础上，对各项财产物资进行定期或不定期的盘点和核对，做到账实相符，保证会计信息的真实性和可靠性。财产清查，就是通过定期或不定期、全面或部分地对各项财产物资进行实地盘点和对现金、银行存款、债权债务进行清查核对的一种制度。通过财产清查，可以保证财经法纪的贯彻执行，保证会计核算资料的真实、可靠，保护财产物资的安全和完整，促进财产的有效利用。编制年度财务会计报告之前，必须进行财产清查，以保证资料的真实、完整。

十、会计档案管理

会计档案是记录和反映经济业务事项的重要史料和证据。《会计法》和《会计基础工作规范》都对会计档案管理做出了原则性规定。财政部、国家档案局于 1998 年 8 月发布的《会计档案管理办法》对会计档案管理的有关内容做出了具体规定。

1．会计档案的范围和种类

会计档案是指会计凭证、会计账簿、财务会计报告等会计核算的专业资料。不包括各单位的预算、计划和制度。

会计档案的种类：会计凭证类，包括原始凭证、汇总凭证、记账凭证、银行存款余额调节表；会计账簿类；会计报告类和其他类，包括会计档案移交清册、会计档案保管清册和会计档案销毁清册。

【思考题 1-17】 下列不属于会计档案的是(　　)。

A. 会计档案移交清册　　B. 会计档案保管清册

C. 财务会计报告　　D. 年度工作计划

2．会计档案的归档和移交

各单位每年形成的会计档案应由单位会计部门负责整理立卷或装订。当年形成的会计档案在会计年度终了后，可暂由本单位会计部门保管一年。保管期满后，原则上应由会计部门移交会计档案管理部门。未设立档案部门的，应当在会计部门内部制定专人保管，但是出纳人员不得监管会计档案。

会计档案原则上不得借出，特殊情况时，经本单位负责人批准，在不拆散原卷册的前提下，可以提供查阅或复制，但必须办理相关登记手续。

3．会计档案保管期限

根据《会计档案管理办法》的规定，会计档案保管期限分为永久和定期两种。永久是指会计档案必须永久保存。定期是指会计档案的保存应达到法定的期限，会计档案的定期保管期限又分为 3 年，5 年，10 年，15 年，25 年五类，保管期限从会计年度终了后第一天算起，如表

1-1 所示。

【思考题 1-18】 会计档案保管期限从(　　)算起。

A. 会计档案形成时　　B. 会计档案装订时

C. 会计档案经审计后　　D. 会计年度终了后的第一天

【思考题 1-19】 现金存款日记账的保管年限是(　　)年。

A. 5　　B. 10

C. 15　　D. 25

表 1-1　会计档案保管期限表

序号	档案名称	保管期限(年)	备注
	一、会计凭证类		
1	原始凭证	15	
2	记账凭证	15	
3	汇总凭证	15	
	二、会计账簿类		
4	总账	15	包括日记账
5	明细账	15	
6	日记账	15	现金和银行存款日记账保管 25 年
7	固定资产卡片		固定资产保费清理保管 5 年
8	辅助账簿	15	
	三、财务报告类		
9	月、季度财务报告	3	包括文字分析
10	年度财务报告	永久	包括文字分析
	四、其他类		
11	会计移交清册	15	
12	会计档案保管清册	永久	
13	会计销毁清册	永久	
14	银行余额调节表	5	
15	银行对账单	5	

4. 会计档案的销毁

(1) 编制销毁清册。会计档案保管期满需要销毁的，应由单位档案管理机构提出销毁意见，会同会计机构共同鉴定，编造销毁清册，报单位负责人批准后，由会计和档案两单位的人共同派人监销。

(2) 专人负责监督销毁。销毁会计档案时应由单位的会计部门和档案部门共同派人监督销毁；各级主管部门销毁会计档案，还应当有同级财政、审计部门派人监督销毁；各级财政部门销毁时，由同级审计部门派人监督销毁。

(3) 不得销毁的会计档案。对于保管期满但尚未结清的债权债务原始凭证及其他未了事项(固定资产寿命已满但未报废)的原始凭证不能销毁，正在项目建设期间的建设单位，其保管期满的会计档案不得销毁，应抽出单独立卷。

【思考题 1-20】 下列保管期满的会计档案中，不得销毁的有(　　)。

A. 未结清的债权债务原始凭证
B. 正在建设期间的建设单位会计档案
C. 超过会计档案保管期限但尚未报废的固定资产购买凭证
D. 所有会计报表类档案

第四节　会 计 监 督

会计监督是财务工作的基本职能之一，是对经济活动的本身进行检查监督，借以控制经济活动，使经济活动能够根据一定的方向、目标、计划，遵循一定的原则正常进行。会计监督是我国经济监督体系的重要组成部分，也是会计资料质量控制的重要环节。目前，我国实行的是单位内部会计监督、以财政部门为主体的政府监督、以注册会计师和会计师事务所为主体的社会监督三位一体的监督体系。

一、单位内部会计监督

单位内部会计监督是指为了保护单位资产的安全、完整，保证其经营活动符合国家法律、法规和内部有关管理制度，提高经营管理水平和效率，而在单位内部采取一系列相互制约、相互监督的制度和方法。

（一）单位内部会计监督的主体和对象

根据《会计法》《会计基础工作规范》和《内部会计控制规范(试行)》的规定，各单位的会计机构和会计人员对本单位的经济活动进行会计监督，会计机构和会计人员是单位内部会计监督的主体，单位内部会计监督的对象是本单位的经济活动。根据规定，单位负责人负责内部会计监督制度的组织实施，对内部监督制度的建立及有效实施承担最终责任。

（二）内部会计监督制度的基本要求

单位内部会计监督的内容十分广泛，涉及人、财、物等诸多方面，各单位应当根据实际情况建立、健全本单位内部会计监督制度和内部控制制度。单位内部会计监督制度应当符合以下要求：

(1) 记账人员与经济业务事项和会计事项的审批人员、经办人员、财物保管人员的职责权限应明确，并相互分离、相互制约；

(2) 重大对外投资、资产处置、资金调度和其他重要经济业务事项的决策和执行的相互监督、相互制约程序应当明确；

(3) 财产清查的范围、期限和组织程序应当明确；

(4) 对会计资料定期进行内部审计的办法和程序应当明确。

（三）相关人员在单位内部监督中的职责

会计机构和会计人员是单位内部会计监督的主体，在单位内部会计监督中有以下职责：

(1) 依法开展会计核算和监督，对于会计机构会计人员违反《会计法》和国家统一会计制度规定的会计事项有权拒绝办理或按职权予以纠正。发现账实不符的，有权处理的直接处理，无权处理的，报请单位负责人做出处理。单位负责人应保证会计机构、会计人员依法履行职责，不得对会计机构、会计人员行使职权进行违法干预。

(2) 对单位内部的会计资料和财产物资实施监督。为保证会计资料的真实性、完整性，会计机构和会计人员必须加强对本单位会计资料和财产物资的监督。首先保证账账相符、账证相符、账表相符和账实相符。其次，对账实不符的情况按照国家统一会计制度有权自行处理的应当及时处理；无权处理的，应当立即向单位负责人报告，请求查明原因，做出处理。

二、会计工作的政府监督

会计工作的政府监督是一种外部监督，也称国家监督，主要是指财政部门代表国家对各单位和单位中相关人员的会计行为实施的监督检查，以及对发现的违法会计行为实施行政处罚。这是我国经济监督体系的一个重要方面。

（一）政府监督的实施主体

根据《会计法》的规定，财政部门是实施主体，县级以上人民政府财政部门为各单位会计工作的监督检查部门，对各单位会计工作行使监督权。此外，《会计法》规定审计、税务、银行、证券监管、保险监管等部门依照有关法律、行政法规规定的职责和权限，可以对有关单位的会计资料实施监督检查。

（二）财政部门实施会计监督的对象和范围

财政部门对会计工作实施监督的对象是会计行为，并对违法行为的单位和个人实施行政处罚。根据《会计法》的规定，财政部门可以依法对各个单位的下列情况实施监督检查。

1. 对单位依法设置会计账簿的检查

对单位依法设置会计账簿的检查具体内容包括，依照法律、行政法规和国家统一会计制度的规定，应当设置会计账簿的单位是否依法建账；是否存在设置账外账的行为；是否存在伪造、变造会计账簿的行为；以及设置会计账簿是否存在其他违反法律、法规和国家统一会计制度的行为等。

2. 对会计资料的真实性和完整性的检查

对会计资料的真实性和完整性的检查具体内容包括，应当依法办理会计手续、会计核算的经济业务事项是否如实在会计凭证、会计账簿、财务会计报告和其他会计资料上反映；填制的会计凭证、登记的会计账簿、编制的财务会计报告与实际发生的经济业务事项是否相符；财务会计报告的内容是否符合有关法律、行政法规和国家统一会计制度的规定；其他会计资料是否真实、完整；使用的会计软件及其生成的会计资料是否符合法律、行政法规和国家统一会计制度的规定等。

3．对单位会计核算情况的检查

对单位会计核算情况的检查具体内容包括，采用的会计年度、使用的记账本位币和会计记录文字是否符合法律、行政法规和国家统一会计制度；填制或者取得原始凭证、编制记账凭证、登记会计账簿是否符合法律、行政法规和国家统一会计制度；财务会计报告的编制程序、报送对象和报送期限是否符合法律、行政法规和国家统一会计制度；会计处理方法的采用和变更是否符合法律、行政法规和国家统一会计制度；是否按照法律、行政法规和国家统一会计制度建立并实施内部会计监督制度；会计档案的建立、保管和销毁是否符合法律、行政法规和国家统一会计制度；以及会计核算是否有其他违反会计行为等。

4．对单位会计人员从业资格和认知资格的检查

对单位会计人员从业资格和认知资格的检查内容包括从事会计工作的人员是否持有会计从业资格证书，会计机构负责人(会计主管人员)是否具备法律、行政法规和国家统一会计制度规定的任职资格。

5．对会计师事务所出具的审计报告的程序和内容的检查

根据《注册会计师法》的规定，国务院财政部门和省、自治区、直辖市人民政府财政部门应当对会计师事务所出具审计报告的程序和内容进行监督检查，这是对社会中介组织监督职能的再监督，有利于会计监督职能的强化和完善。

另外，国务院财政部门及其派出机构可以向与被监督单位有经济业务往来的单位和开立账户的金融机构查询有关情况，有关单位和金融机构应予以支持。

三、会计工作的社会监督

（一）会计工作的社会监督概念

会计工作的社会监督主要是指社会中介机构对受托单位的经济活动进行审计，并进行客观评价的监督形式。目前主要是通过注册会计师及其所在的会计事务所进行，主要依法对委托单位的经济活动进行审计、鉴证。根据《会计法》的规定，国家法律、法规规定须经注册会计师进行审计的单位，应当向接受委托的会计师事务所如实提供会计凭证、会计账簿、财务会计报告和其他会计资料以及有关情况。

《会计法》规定：“任何单位和个人对违反本法和国家统一会计制度规定的行为有权检举。”这也属于于会计工作社会监督的范畴。

（二）注册会计师审计与内部审计的关系

(1) 注册会计师审计与内部审计之间的联系主要在于：注册会计师审计和内部审计都是现代审计体系的重要组成部分，都关注内部控制的健全性和有效性，注册会计师审计中可能会涉及对内部审计成果的利用。

(2) 注册会计师审计与内部审计逐渐的区别主要在于以下几方面。

1) 审计独立性不同。内部审计受本部门、本单位直接领导，只具有相对独立性，注册会

计师审计完全独立于被审计单位。

2) 审计方式不同。内部审计依照单位经营管理的需要自行组织实施，具有较大的灵活性。注册会计师审计则是受托审计，必须按照《注册会计师法》，职业准则、规则实施审计。

3) 审计的职责和作用不同。内部审计的结果只对本部门、本单位负责，只作为本部门、本单位改进经营管理的参考，不对外公开。注册会计师审计需要对投资者、债权人及其他利益相关者负责，对外出具的审计报告具有鉴证作用。

(3) 会计师事务所主要审计业务范围主要有以下几方面。

1) 审查企业财务会计报告，出具审计报告；

2) 验证企业资本，出具验资报告；

3) 办理企业合并、分立、清算事宜中的审计业务，并出具有关的报告；

4) 国家法律、行政法规规定的其他审计、咨询业务。

需要注意的是，注册会计师进行审计时，应对其出具的审计报告负责，注册会计师的审计不能替代或减轻单位负责人对会计资料真实性、完整性承担的责任。财政部门有权对会计事务所出具的审计报告的程序和内容进行监督。但财政部门不得干预注册会计师独立、客观地开展审计业务。

【案例分析 1-2】

A公司效益一直不好，董事长刘某指示会计部门把账做好些。会计部门虚拟了若干笔销售收入，使公司报表由亏损变为盈利，经B事务所审计后报出。后被财政部门查出，要对A公司处罚，A公司声称报表是由B事务所审验的，应由B事务所承担处罚。

A公司的观点是否正确？为什么？

【思考题 1-21】 我国三位一体的会计监督体系包括(　　)。

A. 单位内部监督　　　　B. 会计工作的国家监督

C. 会计工作的社会监督　　　　D. 新闻媒体监督

第五节　会计机构与会计人员

会计机构是各单位办理会计事务的职能机构，会计人员是直接从事会计工作的人员。各单位应当建立健全会计机构，配备一定数量和素质相当的、具备从业资格的会计人员，这是做好会计工作，充分发挥会计职能的重要保证。

一、会计机构的设置

《会计法》第三十六条规定：“各单位应当根据会计业务的需要，设置会计机构，或者在有关机构中设置会计人员并制定会计主管人员；不具备设置条件的，应当委托经批准设立从事会计代理记账业务的中介机构代理记账。”

一个单位是否需要单独设立会计机构，取决于以下因素：单位规模大小、经济业务和财务收支的繁简、经营管理的要求。一般来说，大中型企业和具有一定规模的行政事业单位，以及财务收支数额较大、会计业务较多的社会团体和其他经济组织，应单独设置会计机构。规模较小、业务和人员都不多的单位，可以不单独设置会计机构，而将会计业务并入其他机构，或委托中介机构代理记账。不单独设置会计机构的单位应在有关机构中配备会计人员并指定会计主管人员。

【思考题 1-22】 单位设置会计机构应根据(　　)来确定。

A. 单位规模的大小　　B. 经济业务和财务收支的繁简

C. 经济管理的要求　　D. 领导意图及单位人数多少

二、代理记账

根据《会计法》规定，依法应当设置会计账簿但不具备设置条件的单位可委托中介机构代理记账。目前，代理记账机构主要包括代理记账公司、会计师事务所、具有代理记账资格的其他社会咨讯服务机构等三类。我国对代理记账资格实行审批制，从事代理记账与资格的机构必须符合财政部发布的《代理记账管理办法》中的有关条件。

(一) 代理记账机构的设立条件

(1) 3 名以上持有会计从业资格证书的专职人员；

(2) 主管代理记账业务的负责人必须具有会计师以上的专业技术资格；

(3) 有固定的办公场所；

(4) 有健全的代理记账业务规范和财务会计管理制度。

(二) 代理记账的范围

代理记账机构可以接受委托，受托办理委托人以下业务：

(1) 根据委托人提供的原始凭证和其他资料，按照国家统一的会计制度的规定进行会计核算，包括审核原始凭证、填制记账凭证、登记会计账簿和编制财务会计报告。

(2) 对外提供财务会计报告。代理记账机构为委托人编制的财务会计报告，经代理记账机构负责人和委托人签名盖章后，按照有关法律、法规和国家统一会计制度的规定对外提供。

(3) 向税务机关提供税务资料。

(4) 委托人委托的其他事务。

【思考题 1-23】 下列属于代理记账业务范围的有(　　)。

A. 进行会计核算　　B. 对外提供财务会计报告

C. 向税务机构提供纳税资料　　D. 其他委托的事务

(三) 代理记账业务中委托人的义务

根据《代理记账管理办法》规定，委托人委托代理记账机构代理记账的，委托人对代理记账机构在委托合同约定范围内的行为承担责任。委托人应当履行下列义务：

(1) 对本单位发生的经济业务事项，应当填制或者取得符合国家统一会计制度的原始凭证；

(2) 配备专人负责日常货币收支和保管；

(3) 及时向代理机构提供真实、完整的原始凭证和其他相关资料；

(4) 对代理机构退回的原始凭证按照国家统一的会计制度规范及时予以更正和补充。

【思考题 1-24】 代理记账时，委托人应履行(　　)义务。

A. 对本单位发生的经济业务事项，必须取得或填制符合国家统一规定的原始凭证

B. 应配备专人负责日常货币收支和保管

C. 及时向代理记账机构提供真实、完整的凭证和其他相关资料

D. 定期向税务机构提供税务资料

(四) 代理记账从业人员应履行的义务

根据《代理记账管理办法》规定，代理记账机构及其从业人员应当履行下列义务：

(1) 按照委托合同办理代理记账业务，遵守有关法律、法规和国家统一会计制度的规定；

(2) 对在执行业务中知悉的商业秘密应当保密；

(3) 对委托人示意其做出不当的会计处理，提供不实的会计资料，以及其他不符合法律、法规和国家统一的会计制度规定的要求，应当拒绝；

(4) 对委托人提出的有关会计处理原则问题应当予以解释。

(五) 代理记账的监督检查

必须经县级以上财政部门审查批准，并领取有财政部门统一印制的代理记账许可证书后，才能从事代理记账业务。当事人可持许可证到工商部门办理工商登记。以后发生变更的，还要进行变更登记。达不到规定的设立条件的，两个月内整改，否则撤销许可证。

代理记账机构对其专职从业人员和兼职从业人员的业务活动承担责任。

三、会计从业资格

(一) 会计从业资格证书的适用范围

会计从业资格，是指进入会计职业、从事会计工作的一种法定资质，是进入会计职业的“门槛”。《会计法》规定：从事会计工作的人员，必须取得会计从业资格证书。《会计从业资格管理办法》规定：在国家机关、社会团体、公司、企业、事业单位和其他组织从事下列会计工作的人员，必须取得会计从业资格证书：

(1) 会计机构负责人(会计主管人员)；

(2) 出纳：

(3) 稽核；

(4) 资本、基金核算；

(5) 收入、支出、债权债务核算；

(6) 工资、成本费用、财务成果核算岗位；

(7) 财产物资的收发、增减核算；

(8) 总账；

(9) 财务会计报告编制；

(10) 会计机构内会计档案管理。

根据《会计从业资格管理办法》，一般情况下，县级以上地方人民政府财政部门负责本行政区域内的会计从业资格管理。

此外，新疆生产建设兵团财务局负责所属单位的会计从业资格管理；财政部委托中央直属机关事务管理局、国务院机关事务管理局按照各自权限分别负责中央在京单位的会计从业资格的管理；财政部委托国家铁路局和中国铁路总公司负责铁路系统的会计从业资格的管理；财政部委托中国人民解放军总后勤部和中国人民武装警察部队后勤部分别负责中国人民解放军、中国人民武装警察部队系统的会计从业资格管理。

（二）会计从业资格的取得

1．会计从业资格的取得实行考试制度

国家实行会计从业资格考试制度，会计从业资格考试的科目为财经法规与职业道德、会计基础、初级会计电算化(或珠算五级)。会计从业资格不实行全国统一考试。由各省、自治区、直辖市、计划单列市财政厅、局，新疆生产建设兵团财务局，中共中央直属机关事务管理局，国务院机关事务管理局、国家铁路局和中国铁路总公司、中国人民解放军总后勤部和中国人民武装警察部队后勤部负责组织实施本地区、本部门、本系统内会计从业资格考试有关工作。

2．会计从业资格的报名条件

申请参加会计从业资格考试的人员，应当符合的基本条件包括，遵守会计和其他财经法规，具有良好的道德品质，具备会计专业基础知识和技能。

3．会计从业资格部分考试科目免试条件

申请人符合基本报名条件且具备国家教育行政主管部门认可的会计类专业中专以上学历，自毕业之日起 2 年内可免试会计基础与电算化或珠算五级，但仍要参加财经法规与会计职业道德考试。会计类专业包括会计学、会计电算化、注册会计师专门化、审计学、财务管理以及理财学。

4．会计从业资格证书的颁发

会计从业资格考试全科合格的申请人，可以向会计从业资格考试所在地的县级以上地方财政部门、新疆生产建设兵团财务局、中共中央直属机关事务管理局、国务院机关事务管理局、国家铁路局和中国铁路总公司、中国人民解放局总后勤部和中国人民武装警察部队后勤部填写会计从业资格证书申请表，持考试成绩合格证明和有效身份证件及近期同版 1 寸免冠照片 2 张申请取得会计从业资格证书。

申请人材料齐全的，受理部门应当场受理；对于申请材料不全的，应当场或 5 日内一次性告知申请人补正。会计从业资格管理机构自受理之日起 20 日内做出是否颁发会计从业资格证书的决定；如果 20 日内不能做出是否颁发会计从业资格证书的决定的，经负责人批准，可以

延长10日，并将延期理由告知申请人。对于做出准予颁发证书的，应自决定之日起10日内向申请人颁发证书。对于做出不予颁发的决定，应说明理由，并告知申请人享有申请行政复议或诉讼的权利。

会计从业资格证书在全国范围内有效，持有会计从业资格证书的人员不得涂改、转让会计从业资格证书。

此外，《会计法》还规定，因有提供虚假财务会计报告，做假账，隐匿或者故意销毁会计凭证、会计账簿、财务会计报告，贪污、挪用公款，职务侵占等与会计职务有关的违法行为被依法追究刑事责任的人员，终身不得再次取得会计从业资格证书。除前款规定的人员外，因违法违纪被吊销会计从业资格证书的人员，自被吊销会计从业资格证书之日起5年内，不得重新取得会计从业资格证书。

（三）会计从业资格证书管理

取得会计从业资格、从事会计工作后，会计从业人员仍应接受会计从业资格管理机构的监管。会计从业资格管理机构建立持证人员从业档案信息，对持证人员的基本信息、会计工作情况、接受继续教育情况、表彰奖励情况、违法违规行为等进行记录。《会计从业资格管理办法》规定会计从业资格证书实行注册登记制度，明确提出了上岗注册登记、离岗备案、调转登记等有关规定和要求。

1．上岗注册登记

《会计从业资格管理办法》规定，我国会计从业资格证书实行注册登记制度。自从事会计工作之日起90天内，填写注册登记表，持会计从业资格证书和所在单位出具的从事会计工作的证明，向其颁发会计从业资格证书的会计从业资格管理机构办理注册会计登记。

2．离岗备案

持证人员离开会计岗位超过6个月的，应重新填写注册登记表，并持会计从业资格证书，向原注册登记的会计从业资格管理机构备案。

3．调转登记

持证人在同一会计从业资格管理机构管辖范围内调转工作的，日继续从事会计工作的，应当自离开工作单位之日起90天内，填写调转登记表，持从业资格证书及调入单位开具的从事会计工作的证明，办理调转登记。

持证人员在不同会计从业资格管理机构管辖范围内调转工作的，应填写调转登记表，持会计从业资格证书到原注册登记的从业资格管理机构办理调出手续；并自办理调出手续之日起90天内，持会计从业资格证书，调转登记表和调入单位开具的从事会计工作证明，到调入单位所在地的会计从业资格管理机构办理调入手续。

4．变更登记

持证人的学历、学位、会计专业技术资格等发生变更的，应向所属会计从业资格管理机构办理从业档案信息变更登记。

三、会计机构负责人(会计主管人员)的任职资格

(1) 从事会计工作的人员，必须取得会计从业资格证书。担任单位会计机构负责人(主管人员)的，除取得会计从业资格证书外，还应具备会计师以上专业技术职务资格或从事会计工作3年以上经历。

(2) 财政部门负责会计人员的业务管理，包括会计从业资格管理、会计专业技术资格管理、岗位会计人员评优表彰及会计人员继续教育等。

【思考题 1-25】 在我国，从事会计工作的人员，其基本任职条件是(　　)。

A. 具有会计从业资格证书　　B. 担任会计专业职务

C. 具有会计专业技术资格　　D. 具有中专以上专业学历

四、会计人员继续教育

1. 会计继续教育的概念和对象

会计人员继续教育是指取得会计从业资格的人员持续接受一定形式的、有组织的理论知识、专业技能和职业道德的教育和培训活动，优化知识结构，不断提高和保持其专业能力和职业道德水平。

根据《会计人员继续教育规定》，会计人员继续教育的对象为取得并持有会计从业资格证书的人员，具体包括已取得会计从业资格在国家机关、社会团体、企业、事业单位和其他组织正在从事会计工作的会计人员和取得会计从业资格但不在会计岗位的其他人员。

2. 会计继续教育的特点

(1) 针对性，即针对不同对象确定不同的教育内容，采用不同的教育方式，解决实际问题。

(2) 适应性，即联系实际工作需要，学以致用。

(3) 灵活性，即继续教育在培训内容、方法、形式等方面具有灵活性。

3. 会计继续教育的内容及方式

会计继续教育的内容主要包括会计理论、政策法规、业务知识、技能训练和职业道德。

会计继续教育的形式包括接受培训和自学两种，以接受培训为主，在职自学是继续教育的重要补充。会计人员每年接受培训(面授)继续教育的时间累计不少于 24 小时。连续 3 年未参加或未完成学时，证书自动失效。

五、会计专业职务和专业技术资格

(一) 会计专业职务

会计专业职务是区别会计人员业务技能的技术等级。分为高级会计师、会计师、助理会计师、会计员。其中助理会计师和会计员为初级会计职务。

1. 会计员的主要工作职责

会计员主要负责具体审核和办理财务收支，编制记账凭证，登记会计账簿，编制会计报表

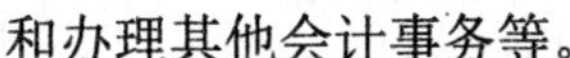

和办理其他会计事务等。

2. 助理会计师的主要工作职责

助理会计师主要负责草拟一般的财务会计制度、规定、办法；解释、解答财务会计法规、制度中的一般规定；分析检查某一方面或某些项目的财务收支和预算执行情况等。

担任助理会计师职务，大学专科毕业需要担任会计员职务满2年以上或中等专业学校毕业并担任会计员职务4年以上；大学本科毕业，在财务工作岗位上需见习满1年；取得硕士学位，或取得第二学士学位或研究生班结业证书的，需具备履行助理会计师职责的能力。

3. 会计师的主要职责

会计师主要负责草拟比较重要的财务会计制度、规定、办法；解释、解答财务会计法规、制度中的重要问题；分析检查财务收支和预算的执行情况；培养初级会计人才等。

担任会计师职称，取得硕士学位需要担任助理会计师职务满2年；大学本科或者专科毕业需要担任助理会计师职务满4年。

4. 高级会计师的主要工作职责

高级会计师主要负责草拟和解释、解答在一个地区、一个部门、一个系统或在全国履行的财务会计法规、制度、办法；组织和指导一个地区或一个部门、一个系统的经济核算和财务会计工作；培养中级以上会计人才。

担任高级会计师职称，需要取得硕士学位、第二学位或研究生班结业证书，或者大学本科毕业并担任会计师职务5年以上。

（二）会计专业技术资格

会计专业技术资格分为初级资格、中级资格和高级资格三个级别。初级和中级资格实行全国统一考试，高级资格实行考试与评审相结合的制度。

报考条件：初级会计专业技术资格考试的人员，必须具备高中以上学历。报考中级资格的会计人员，必须取得大专以上学历并从事会计工作满5年；取得大学本科学历并从事会计工作满4年；取得研究生班或双学位需从事会计工作满2年，取得硕士学位需从事会计工作满1年；取得博士学位的可直接报考。

【思考题1-26】 下列各项中，属于会计专业职务的有(　　)。

A. 总会计师　　B. 注册会计师

C. 会计师　　D. 助理会计师和会计员

六、会计工作岗位设置

会计工作岗位，是指一个单位会计机构内部根据业务分工而设置的职能岗位。在会计机构内部设置会计工作岗位，有利于明确分工和确定岗位职责，建立岗位责任制；有利于会计人员钻研业务，提高工作效率和质量；有利于会计工作的程序化和规范化，加强会计基础工作；有利于强化会计管理职能，提高会计工作的作用。同时，也是配备数量适当的会计人员的客观依据之一。

(一) 岗位设置要求

(1) 根据本单位会计业务的需要设置会计工作岗位。各单位会计工作岗位的设置应与其业务活动规模、特点和管理要求相适应，保证单位会计信息的生成、加工和传递真实、可靠、及时和有效。

(2) 符合内部牵制制度的要求。会计工作岗位可以一人一岗，一人多岗或一岗多人。但是，出纳人员不得兼管稽核，会计档案保管和收入、费用、债权债务账目的登记工作。需要注意出纳不是不能记账，只要所记的账不是与单位资金收支增减往来有关的账目就可以，如出纳人员兼记固定资产明细账是可以的。

【思考题 1-27】 下列各项中，出纳人员不得兼管的工作有(　　)。

A. 稽核　　B. 会计档案保管

C. 银行存款日记账　　D. 费用账目的登记

(3) 对会计人员的工作岗位要有计划地进行轮岗，以促进会计人员全面熟悉业务和不断提高业务素质。

(4) 要建立岗位责任制。会计工作岗位责任制是指明确各项会计工作的职责范围、具体内容和要求，并落实到每个会计工作岗位或会计人员的一种会计工作责任制度。

会计工作岗位一般分为，总会计师岗位；会计机构负责人岗位；出纳岗位；稽核岗位；资本、基金核算岗位；收入、支出、债权债务核算岗位；工资核算、成本费用核算、财务成果核算岗位；财产物资的收发增减核算岗位；总账岗位；对外财务会计报告编制岗位；会计电算化岗位；会计档案管理岗位。

但是，下列情况不属于会计岗位：

1) 对于会计档案管理岗位，在会计档案正式移交之前，属于会计岗位，正式移交档案管理部门之后，不再属于会计岗位。

2) 档案管理部门的人员管理会计档案，不属于会计岗位。

3) 医院门诊收费员、住院处收费员、药房收费员、药品库房记账员、商场收费员所从事的工作均不属于会计岗位。

4) 单位内部审计、社会审计、政府审计工作也不属于会计岗位。

【思考题 1-28】 下列各项中，属于会计岗位的有(　　)。

A. 工资核算岗位　　B. 资金核算岗位

C. 计划管理岗位　　D. 会计档案管理岗位

【思考题 1-29】 下列工作岗位中，不属于会计工作岗位的有(　　)。

A. 商场收银员　　B. 医院住院处收费员

C. 档案部门会计档案管理人员　　D. 药品库房记账员

(二) 总会计师

总会计师是主管本单位财务会计工作的行政领导，直接对单位主要行政领导人负责。不是一种专业技术职务，也不是会计机构的负责人或会计主管人员，而是一种行政职务。

1．设置范围

国有的和国有资产占控股地位或主导地位的大、中型企业必须设置总会计师。其他单位可以根据需要设置总会计师。凡是设置总会计师的单位，不应当再设置与总会计师职责重叠的行政副职(如副总会计师)。

2．总会计师的任职资格

(1) 坚持社会主义方向，积极为社会主义建设和改革开放服务；

(2) 坚持原则，廉洁奉公；

(3) 取得会计师任职资格，主管一个单位或单位内一个重要方面的财务会计工作时间不少于3年；

(4) 有较高的理论政策水平，熟悉财经法规；

(5) 具备本行业的基本业务知识，熟悉行业情况，有较强的组织领导能力；

(6) 身体健康，能胜任本职工作。

3．总会计师的职责和权限

(1) 职责：编制和执行财务预算、成本控制、健全经济核算制度、负责财务人员考核与聘用、协助领导对企业生产经营决策等。

(2) 权限：一是对违法违纪问题制止和纠正权；二是建立健全单位经济核算的组织指挥权；三是对单位财务收支具有审批签署权；四是对本单位会计人员的管理权，包括机构设置、会计配备等。会计人员的任用、晋升、调动等人事部门应征求总会计师的意见。

4．总会计师任免程序

总会计师的任免由行政领导人提名，政府主管部门任命或聘任。

七、会计人员回避制度

回避制度是指为了保证执法或者职业的公正性，对可能影响其公正性的执法或者职业的人员实行职务回避和业务回避的一种制度。回避制度已成为我国认识管理的一项重要制度，同样也是我国会计人员管理的一项重要制度。《会计基础工作规范》规定国家机关、国有企业、事业单位任用会计人员应当实行回避制度。

单位负责人的直系亲属不得担任本单位的会计机构负责人、会计主管人员。会计机构负责人、会计主管人员的直系亲属不得在本单位会计机构中担任出纳工作。

直系亲属包括夫妻关系、直系血亲关系、三代以内旁系血亲关系以及近姻亲。

【思考题1-30】 单位负责人的直系血亲，不得在本单位担任(　　)。

A. 出纳　　　　B. 总账会计

C. 会计机构负责人　　　　D. 车间主任

八、会计人员工作交接

会计人员工作交接，也称会计工作交接，是指会计人员工作调动、离职或因病暂时不能工作，应与接管人员办理交接手续的一种工作程序。

（一）交接范围

(1) 调动、离职或因病、其他原因暂时不能工作的，均应与接管人员办理交接手续。没有办清交接手续的，不得调动或离职。

(2) 临时离职或者因病不能工作且需要接替或代理的，会计机构负责人、会计主管人员或单位领导人必须指定有关人员接替或代理，并办理交接手续。以后恢复工作的，应与接替或代理人员办理交接手续。

(3) 移交人员因病或其他特殊原因不能亲自办理移交的，经单位领导人批准，可由移交人员委托他人代办移交，但委托人应当承担相应的责任。

（二）交接程序

1. 提出交接申请

会计人员工作交接应该首先提出交接申请。

2. 办理交接手续前的准备工作

(1) 对于已经受理的经济业务尚未填制会计凭证的，会计人员应当填制完毕。

(2) 对于尚未登记账目应当登记完毕，结出余额，并在最后一笔余额后加盖经办人员印章。同时整理应该移交的各项资料，对未了事项和遗留问题要写出书面说明材料 。

(3) 编制移交清册，列明移交凭证、账本、会计报表、公章、现金、有价证券、支票本、发票、文件、其他会计资料和物品等。实行财会电算化的单位，从事该项工作的移交人员应在移交清册上列明会计软件及密码、会计软件数据盘、磁带等内容。

(4) 会计机构负责人、会计主管人员移交时，应将财务会计工作、重大财务收支问题和会计人员的情况等向接替人员介绍清楚。

3. 移交点收

移交人员在离职前，必须将经其管理的会计工作在规定的期限内，全部向接替人员移交清楚，接替人员应认真按照移交清册逐项点收。具体包括以下内容：

(1) 现金要根据会计账本记录余额进行当面点交，不得短缺。接管人员发现不一致或白条顶库现象时，移交人员在规定期限内负责查清处理。

(2) 有价证券的数量要与会计账本记录一致。面额与发行价不一致时，按照会计账本余额交接。

(3) 会计资料必须完整无缺，不得遗漏。

(4) 银行存款账户余额要与银行对账单核对一致，如有未达账项，应编制银行存款余额调节表调节相符；各明细账余额与总账余额应一致。重要的实物要盘点，余额较大的往来账户要与往来单位、个人核对。

(5) 公章、收据、空白支票、发票、科目印章以及其他物品等必须交接清楚。

(6) 实行电算化的单位，交接双方应在电子计算机上对有关数据进行实际操作，确认有关数字正确无误后，方可交接。

4．专人负责监督交接

为了明确责任，会计人员办理工作交接时，必须有专人负责监督交接。通过监督交接，保证双方都按照国家有关规定认真办理交接手续，防止流于形式，保证会计工作不因人员变动受到影响，保证交接双方处在平等的法律地位上享有权利和承担义务。对监督交接会计工作的具体要求如下：

(1) 一般会计人员办理交接手续，由会计机构负责人(会计主管人员)监督交接；

(2) 会计机构负责人(会计主管人员)办理交接手续，由单位负责人监督交接，必要时主管单位可以派人会同监督交接。当出现下列情况时，由上级主管部门派人会同监督交接。

1) 所属单位领导不能监督交接，如因单位撤并而办理交接手续等。

2) 所属单位领导不能尽快监督交接，如对上级要求撤换的会计不情愿等；

3) 不宜由单位领导人单独监督交接。如与离职人矛盾；

4) 上级主管单位认为存在某些问题需要派人会同监督交接的，也可以派人会同监督交接。

【思考题 1-31】 一般会计人员办理交接手续，由(　　)负责监督交接。

A. 总会计师　　B. 单位负责人

C. 会计机构负责人　　D. 主管单位派人

5．交接后的有关事宜

(1) 会计工作交接完毕后，交接双方和监督交接人要在移交清册上签名盖章，并在移交清册上注明：单位名称，交接日期，交接双方和监督交接人的职务、姓名，移交清册页数及需要说明的问题和意见等。

(2) 接管人员应继续使用移交前的账本，不得擅自另立账本，以保证会计记录前后衔接，内容完整。

(3) 移交清册填制一式三份，交接双方各持一份，存档一份。

(三) 交接人员的责任

移交人员对所移交的会计资料的合法性、真实性承担法律责任。即便接替人员在交接时因疏忽没有发现所接会计资料的合法性、真实性、完整性方面存在的问题，如事后发现，仍应由原移交人员负责，原移交人员不应以会计资料已移交而推脱责任。接替人员不对移交过来的材料的真实性、完整性负法律上的责任。

【案例分析 1-3】

2013 年 1 月某国有企业新领导班子上任后，做出了精简机构的决定，将会计科撤并到企业管理办公室，同时任命企管办主任王某兼任会计主管人员。会计科撤并后，会计工作分工如下：原会计科会计继续担任会计；原企业管理办公室工作人员、王某的女儿担任出纳工作。企管办主任王某自参加工作后一直从事文秘行政工作，为了尽快胜任会计主管人员岗位，企业同意王某半脱产参加会计培训班，并参加 2013 年会计从业资格考试。

要求：分析该企业任命会计主管人员、会计工作岗位分工是否符合相关法律规定，并且说明理由。

第六节　违反会计法的责任

一、法律责任

法律责任，是指违反法律法规的行为应当承担的法律后果，也就是对违法者的制裁。会计法主要规定了两种责任形式：一是行政责任，二是刑事责任。

法律责任的种类包括责令限期改正、罚款、行政处分、吊销会计从业资格证书及追究刑事责任。

1．行政责任

行政责任是行政法律关系主体在国家行政管理活动中因违反了行政法律规范，不履行行政上的义务而产生的责任。在《会计法》中的行政责任具体分为行政处罚与行政处分。

(1) 行政处罚是由特定行政主体基于一般行政管理职权，对其认为不履行行政法上的强制性义务，违反行政管理秩序的行政管理相对人所实施的一种行政制裁措施。主要有警告，罚款，没收违法所得、没收非法财物，责令停产停业，暂扣或吊销许可证、暂扣或吊销执照，行政拘留等。

行政处罚由违法行为发生地的县级以上地方人民政府中具有行政处罚权的行政机关执行。对当事人同一违法行为，不得给予两次以上罚款，即“一事不再罚”。

(2) 行政处分是国家工作人员因违反行政法律规范所承担的一种行政法律责任，是行政机关对国家工作人员故意或者过失侵犯行政相对人的合法权益所实施的法律制裁。

行政处分的表现形式主要有警告、记过、降职、降级、撤职、留用察看、开除等。

2．刑事责任

刑事责任是指对犯罪分子依照刑事法律的规定追究的法律责任。主要包括两类：一是犯罪，二是刑罚。

(1) 犯罪的特征主要表现在，一是严重的社会危害性；二是刑事违法性，即由刑法规定；三是应刑罚处罚。

(2) 刑罚分为主刑和附加刑。主刑有管制、拘役、有期徒刑、无期徒刑和死刑。主刑只许判一种，不能附加。附加刑，是既可独立适用又可以附加适用的刑罚，主要有罚金、剥夺政治权利、没收财产。附加刑适用于主刑执行期满后执行。

罚金不同于罚款，罚金只能由人民法院判决，适用于犯罪分子；而罚款是行政处罚，由行政机关依法决定，适用于一般违法分子。需要注意的是，对于做出没收全部财产的刑罚，应当对犯罪分子个人及其扶养的家属保留必需的生活费用。

刑事责任与行政责任的区别主要表现在：一是追究违法行为不同，行政责任主要是违法行为，刑事责任则是犯罪行为；二是追究责任的机关不同，行政责任由国家特定的行政机关进行，刑事责任只能由司法机关进行。三是后果不同，刑事责任是最为严历的制裁，比追究行政责任更为严厉。

二、违反国家统一会计制度规定应承担的法律责任

（一）不依法进行会计管理、核算和监督的法律责任

根据《会计法》规定，有下列行为之一的，由县级以上人民政府财政部门责令限期改正，对单位并处3 000元以上5万元以下的罚款；对其直接负责的主管人员和其他直接责任人员，可以处2 000元以上2万元以下的罚款。属于国家工作人员的，还应当由其所在单位或上级单位或检察机关依法给予行政处分，触犯刑法的应当依法追究刑事责任。

(1) 不依法设置会计账簿的。

(2) 私设会计账簿的。多为账外设账。

(3) 未按照规定填制、取得原始凭证或填制、取得原始凭证不符合规定的。

(4) 以未经审核的会计凭证为依据登记会计账簿或登记会计账簿不符合规定的。

(5) 随意变更会计处理方法的。

(6) 向不同的会计资料使用者提供的财务会计报告编制依据不一致的。

(7) 未按照规定使用会计记录文字或记账本位币的。

(8) 未按照规定保管会计资料的。

(9) 未按照规定建立并实施单位内部会计监督制度或拒绝依法实施监督或不如实提供有关会计资料及有关情况的。

(10) 任用会计人员不符合《会计法》规定的。

有上述行为之一，情节严重的，由县级以上人民政府财政部门吊销会计从业资格证书。

（二）伪造、变造会计凭证、会计账簿，编制虚假财务会计报告的法律责任

《会计法》第四十三条规定：“伪造、变造会计凭证、会计账簿，编制虚假财务会计报告构成犯罪的，依法追究刑事责任。有前款行为，尚不构成犯罪的，由县级以上人民政府财政部门予以通报，可以对单位并处5 000元以上10万元以下的罚款；对其直接负责的主管人员和其他直接责任人员，可以处3 000元以上5 000元以下的罚款；属于国家工作人员的，还应当由其所在单位或者有关单位依法给予撤职直至开除的行政处分；对其中的会计人员，应由县级以上人民政府财政部门吊销会计从业资格证书。”

（三）隐匿或故意销毁依法应保存的会计资料的法律责任

《会计法》第四十四条规定：“隐匿或故意销毁依法应保存的会计凭证、会计账簿、财务会计报告，构成犯罪的，依法追究刑事责任。有前款行为，尚不构成犯罪的，由县级以上人民政府财政部门予以通报，可以对单位并处5 000元以上10万元以下的罚款；对其直接负责的主管人员和其他直接责任人员，可以处3 000元以上5 000元以下的罚款；属于国家工作人员的，还应当由其所在单位或者有关单位依法给予撤职直至开除的行政处分；对其中的会计人员，应由县级以上人民政府财政部门吊销会计从业资格证书。”

(四)授意、指使、强令会计机构、会计人员及其他人员伪造、变造、编制、隐匿、故意销毁会计资料的法律责任

所谓授意，是指暗示他人按其意思行事。所谓指使，是指通过明示方式，指示他人按其意思行事。所谓强令，是指明知其命令是违反法律的，而强迫他人执行其命令的行为。

《会计法》第四十五条规定：“授意、指使、强令会计机构、会计人员及其他人员伪造、变造会计凭证、会计账簿，编制虚假财务会计报告或者隐匿、故意销毁依法应保存的会计凭证、会计账簿、财务会计报告，构成犯罪的，依法追究刑事责任；尚不构成犯罪的，可处5 000元以上5万元以下的罚款；属于国家工作人员的，还应当由其所在单位或者有关单位依法给予降级、撤职、开除的行政处分。”

(五)单位负责人对会计人员进行打击报复的法律责任

《会计法》第四十六条规定：“单位负责人对依法履行职责、抵制违反本法规定行为的会计人员以降级、撤职、调离工作岗位、解聘或者开除等方式实行打击报复，构成犯罪的，依法追究刑事责任；尚不构成犯罪的，由其所在单位或者有关单位依法给予行政处分。对受打击报复的会计人员，应当恢复其名誉和原有职务、级别。”

(六)财政部门及有关行政部门的工作人员违反会计法的法律责任

一是财政部门及有关行政部门的工作人员在实施监督管理中滥用职权、玩忽职守、徇私舞弊或泄露国家秘密、商业秘密，构成犯罪的，依法追究刑事责任；尚不构成犯罪的，依法给予行政处分。主要有滥用职权罪、玩忽职守罪和泄露国家机密罪。二是将检举人姓名、材料交给被检举人的，给予行政处分。由所在单位或有关单位对其直接负责的主管人员和其他直接责任人员，给予相应处分。

(七)违反检举制度的法律责任

《会计法》第三十条规定：“任何单位和个人对违反本法和国家统一的会计制度规定的行为，有权检举。收到检举的部门有权处理的，应当依法按照职责分工及时处理；无权处理的，应当及时移送有权处理的部门处理。收到检举的部门、负责处理的部门应当为检举人保密，不得将检举人姓名和检举材料转给被检举单位和被检举个人。”

《会计法》第四十八条规定：“违反本法第三十条规定，将检举人姓名和检举材料转给被检举单位和被检举个人的，由所在单位或者有关单位依法给予行政处分。”

(八)违反其他法律规定的法律责任

《会计法》第四十九条规定：“违反本法规定，同时违反其他法律规定的，由有关部门在各自职权范围内依法进行处罚。”

【思考题1-32】 对于伪造、变造会计凭证、会计账簿的行为，可对单位直接负责的主管人员和其他直接责任人员并处(　　)。

A. 5 000元以上10万元以下的罚款　　B. 5 000元以上5万元以下的罚款

C. 3 000元以上3万元以下的罚款　　D. 3 000元以上5万元以下的罚款

习　　题

一、单项选择题

1．根据《会计法》的规定，从事会计工作的人员应当具备的基本任职资格是(　　)。

A．具有中专及以上会计类专业学历　　B．具有初级会计专业技术资格证书

C．取得中国注册会计师资格证书　　D．取得会计从业资格证书

2．根据《会计法》第四条的规定，对本单位的会计工作和会计资料的真实性、完整性负责人是(　　)。

A．总会计师　　B．会计机构负责人

C．主管会计人员　　D．单位负责人

3．一般会计人员办理会计工作交接手续时，负责监督交接的人员应当是(　　)。

A．主管部门有关人员　　B．单位负责人

C．会计机构负责人　　D．本单位其他会计人员

4．下列各项中，对于记账本位币表述错误的是(　　)。

A．记账本位币是指日常登记账簿和编制财务会计报告用以计量的货币

B．法律不允许收支业务以人民币以外的货币为主的单位选定某种货币作为记账本位币

C．我国会计核算原则上以人民币为记账本位币

D. 以人民币以外的货币作为记账本位币的，在编制财务会计报告时应当折算成人民币反映

5．下列各项中，关于本单位财务会计资料保管的要求，不符合《会计法》规定的有(　　)

A．当年会计档案，在会计年度终了后，可暂由本单位财务会计部门保管一年

B．财务会计部门和经办人必须按期将应当归档的会计档案，全部移交档案部门，不得自行封包保存

C．各单位会计档案向外单位提供利用需要借出时，须经双方协议并签字、盖章、不得拆散原卷册，并应限期归还

D．会计档案保管期满，需要销毁时，应由本单位档案部门提出销毁意见，会同财务会计部门共同鉴定，严格审查，编造会计档案销毁清册

6．在外商投资企业，会计记录文字应当符合的规定是(　　)。

A．只能使用中文　　B．只能使用外文

C．在中文和外文中任何一种　　D．使用中文，也可同时使用某种外文

7．根据《会计基础工作规范》的规定，单位负责人的直系亲属不得在本单位担任的会计工作岗位是(　　)。

A．会计机构负责人　　B．出纳

C．稽核　　D．会计档案的保管

8．一般会计人员办理会计工作交接手续时负责监交的人员一般应当是(　　)。

A．其他会计人员　　B．会计机构负责人

C．单位负责人　　D．主管单位有关人员

9．在某事业单位中，根据回避制度的规定，会计主管人员张某的直系亲属不得担任本单位的(　　)。

A．会计机构负责人　　B．库管

C．出纳　　D．稽核

10．在下列各项中，不属于代理记账业务范围的是(　　)。

A．代办工商登记

B．根据委托人提供的原始凭证和其他资料进行会计核算

C．向税务机关提供税务资料

D．对外提供财务会计报告

11．下列经济业务事项不需要办理会计手续的是(　　)。

A．款项及有价证券的收付　　B．财物的收发、增减和使用

C．经济合同的签订　　D．资本、基金的增减

12．单位在审核原始凭证时，发现外来原始凭证的金额有错误，应由(　　)。

A．接受凭证单位更正并加盖公章　　B．原出具凭证单位更正并加盖公章

C．原出具凭证单位重开　　D．经办人员更正并报领导审批

13．《会计法》要求，作为记账凭证编制依据的必须是(　　)的原始凭证和有关资料。

A．经办人签字　　B．审核无误

C．金额无误　　D．领导认可

14．根据《会计法》的规定，行使会计工作管理职能的政府部门是(　　)。

A．税务部门　　B．财政部门

C．审计部门　　D．证券监管部门

15．《会计法》规定，我国会计年度自(　　)。

A．公历1月1日起至12月31日止

B．农历1月1日起至12月30日止

C．公历4月1日起至次年3月31日止

D．公历10月1日起至次年9月30日止

二、多项选择题

1．根据《会计工作规范规定》，下列各项中，出纳人员不能够兼管的工作是(　　)。

A．稽核工作　　B．固定资产卡片的登记工作

C．收入、费用、债权债务账目的登记工作　　D．会计档案保管工作

2．根据《会计法》规定，应当在财务会计报告上署名并签章的人员有(　　)。

A．会计员　　B．会计机构负责人

C．内部审计机构负责人　　D．单位负责人

3．根据我国的实际情况，会计监督应当包括(　　)。

A．单位内部的会计监督　　B．统计监督

C．会计工作的国家临督　　D．会计工作的社会监督

4．根据《会计法》规定，各单位应当建立、健全本单位内部会计监督制度。单位内部会计监督制度应当符合（　　）。

A．记账人员与经济业务事项和会计事项的审批人员，经办人员、财物保管人员的职责权限应当明确，并相互分离、相互制约

B．重大对外投资、资产处置、资金调度和其他重要经济业务事项的决策和执行的相互监督、相互制约程序应当明确

C．财产清查的范围、期限和组织程序应当明确

D．对会计资料定期进行内部审计的办法和程序应当明确

5．单位设置会计机构应根据(　　)确定。

A．单位规模的大小　　B．经济业务和财务收支的繁简

C．经营管理的要求　　D．领导意图

6．会计人员有违法行为被追究刑事责任的，不得取得或者重新取得会计从业资格证书，具体包括(　　)。

A．做虚假财务会计报告　　B．故意销毁会计资料

C．贪污　　D．挪用公款，职务侵占等

7．根据《会计基础工作规范》的规定，实行会计人员回避制度的范围包括(　　)。

A．国有企业　　B．国家机关

C．有限责任公司　　D．股份有限公司

8．代理记账业务的范围包括(　　)。

A．根据委托人提供的会计资料进行会计核算，登记会计账簿，编制会计报表

B．定期向有关部门和其他会计报告使用者提供会计报告

C．定期向税务机关提供税务资料

D．委托人委托的其他经济业务

9．为保证会计人员依法履行职责，《会计法》规定了对会计人员的相应保护措施。下列各项中，属于上述保护措施的有(　　)。

A．规定单位负责人应当保证会计人员依法履行职责

B．规定任何单位和个人不得对会计人员打击报复

C．规定对做出显著成绩的会计人员进行表彰奖励

D．规定从事会计工作的人员必须取得会计从业资格证书

三、判断题

1．根据《会计法》的规定，各单位不论会计业务繁简，都必须设置会计机构。（　）

2．根据《会计法》第三十条的规定，任何单位和个人对违反会计法和国家统一的会计制度规定的行为，有权检举。（　）

3．单位可根据不同的会计资料使用者的需要，分别向其提供编制依据不同、内容不同的财务会计报告。（　）

4.《会计法》中所称的国家统一的会计制度，是指国务院财政部门根据会计法制定的关于会计核算、会计监督、会计机构和会计人员以及会计工作管理的制度。 ( )

5. 正在项目建设期间的建设单位，其保管期满的会计档案仍不得销毁。 ( )

6. 会计工作交接时，移交人员因病不能办理移交手续的，可自行委托他人代办交接，但委托人应当对所移交的会计资料的真实性、完整性承担法律责任。 ( )

7. 财政部门是唯一对会计工作实施国家监督的行政管理部门。 ( )

8. 移交人员办理完交接手续后，仍需对原工作期间经办的会计资料的真实性、完整性负责。 ( )

9. 对伪造、变更会计资料或者编制虚假财务报告的会计人员，可处5 000元以上10万元以下的罚款，并吊销会计从业资格证书。 ( )

10. 单位负责人对本单位会计工作和会计资料的真实性、完整性负责。 ( )

四、案例分析题

1. 2013年，某市财政局对企业会计工作检查时，了解到以下情况：

(1) 2012年10月，新厂长上任后，在未经主管单位同意情况下，将原会计科科长调离，新提拨李某任科长，并将其战友之女调入该厂会计科任出纳(中文毕业)，并兼管会计档案工作。

(2) 2012年11月，会计张某申请调离该厂，厂人事部门在没有通知会计科的情况下办理了调离手续。

(3) 2012年12月，该厂从现金收入中直接支取5万元，用于职工福利，会计科长李某曾向厂长反映不妥，但厂长仍要求其办理。

请问：上述行为是否符合《会计法》?若不符合，请指出违法之处并说明理由。

2. 某国有企业发生如下情况：2012年2月，会计科长王某退休，与新任会计科长张某办理会计交接手续时，因厂长在外地出差，人事科长负责监交工作。2012年8月，产品转型急需外购一批原材料，供货方提出先预付材料款30万元。因该企业资金周转困难，会计科长张某指令会计人员给供货方开出一张30万元空头转账支票。2013年2月，企业财务会计报告对外报出时，主管会计工作的副厂长，总会计师和会计科长张某在财务报告上加盖公章，厂长在财务会计报告上签名，并加盖单位公章。

要求：(1) 该企业会计工作交接是否符合会计法律制度的规定？简要说明理由。

(2) 哪些单位有权对该企业签发空头转账支票行为提出赔偿要求？赔偿金额是多少？

(3) 该企业在财务会计报告的签章是否符合《会计法》的规定？简要说明理由。

3. 2013年3月，某市财政局派出检查组对国有大型企业甲(简称“甲企业”)的会计工作进行检查。检查中发现以下情况：

(1) 2012年2月10日，甲企业的会计人员B发现一张由丙企业开具的金额有错误的原始凭证，会计人员B要求丙企业进行更正，并在更正处加盖丙企业印章；

(2) 2012年3月10日，新上任的厂长张某安排自己的直系亲属、自参加工作后一直从事文秘工作的C担任甲企业的会计机构负责人。3月20日，原会计机构负责人与C办理会计工作交接手续，人事科长进行监交。

(3) 2012年4月10日，会计机构负责人C安排自己的女儿在本企业中担任出纳，并兼管会计档案保管和收入、费用账目的登记工作。经查，D 尚未取得会计从业资格证书。

(4) 2012 年 6 月 10 日，甲企业拟销毁一批保管期满的会计档案(其中包括两张未结清债权债务的原始凭证)，由总会计师 E 在会计档案销毁清册上签署意见后，该批会计档案于 6 月 14 日销毁。

(5) 2012 年 9 月 10 日，人事部门从外省招聘了一名具有高级会计师资格的会计人员。该高级会计持有外省会计从业资格证书,其相关的会计从业资格业务档案资料仍保存在外省的原单位所在地财政部门。

(6) 2012 年 10 月 10 日，厂长张某决定，甲企业以后对外报送的财务会计报告由财务机构负责人签字即可。

(7) 甲企业 2012 年度亏损 20 万元。2013 年 1 月 20 日，会计机构负责人 C 授意会计人员 A，B 采取伪造会计凭证等手段调整企业的财务会计报告，将 2012 年度利润调整为盈利 60 万元，并将调整后的财务报告对外报出。

要求根据以上事实及有关法律规定，回答以下问题：

(1) 根据本题要点(1)所提示的内容，B 的做法是否符合规定？为什么？

(2) 根据本题要点(2)所提示的内容，C 能否担任甲企业的会计机构负责人？为什么？会计工作交接手续由人事科长进行监交是否合法？为什么？

(3) 根据本题要点(3)所提示的内容，D 能否担任出纳？为什么？D 能否兼管档案保管及收入、费用账目登记工作？为什么？

(4) 根据本题要点(4)所提示的内容，甲企业在销毁会计档案的过程中，有哪些不合法之处？

(5) 根据本题要点(5)所提示的内容，甲企业招聘的高级会计师是否需要办理从业资格调转手续？如果需要办，应怎样办？

(6) 根据本题要点(6)所提示的内容，张某作出关于对外报送财务会计报告的决定是否合法？为什么？

(7) 根据本题要点(7)所提示的内容，指出哪些当事人存在何种违法行为，并分别说明各违法行为的法律后果。

第二章 支付结算法律制度

学习窗

⊙ 了解支付结算的主要法律依据，银行账户的开立、变更、撤销情况，明确违反银行账户结算管理制度的法则等。

⊙ 理解支付结算的概念、特点及基本原则；掌握银行结算账户的使用基本要求。

⊙ 熟悉支付结算的工具，掌握各类票据的使用要求；能够正确填写票据，合法完成票据流转，正确使用票据权利。

⊙ 正确使用信用卡等结算方式进行投资消费。

案例导入

甲公司拟向乙公司订购一批办公家具，授权本单位员工李某携带一张记载有本单位签章、出票日为2013年5月9日、票面金额为18万元的转账支票前往采购。5月10日，李某代表甲公司与乙公司签订了价值18万元的买卖合同。该合同约定：甲公司于合同签订当日以支票方式一次付款，乙公司应当在6月10前向甲公司交付所购全部家具。李某在向乙公司交付支票时，声明该支票未记载收款人，由乙公司自己填写。

乙公司在收到该支票后，未在该支票收款人栏内记载自己的名称，而是直接在该栏目将收款人填写为丙公司，于5月12日将该支票交给丙公司，由丙公司存入其开立账户的丁银行，以便利用丙公司的银行账户提取现金。为此，丙公司将按照支票金额的5%提取管理费。5月15日，丁银行通知丙公司，其存入的上述支票的款项已于5月14日到账，但却不能支取使用，主要原因是，该支票上记载有在甲公司收到乙公司交付家具之次日，持票人才能支取使用该资金。乙公司于6月8日向甲公司交付所购家具，丙公司于第二天才得以开始分批从其账户中支取该资金并交付乙公司。

以上情况，有无不妥之处，说明理由。

第一节 概 述

一、支付结算的概念

支付结算是指单位、个人在社会经济活动中使用现金、票据、信用卡和结算凭证进行货币给付及其资金清算的行为。其主要功能是完成资金从一方当事人向另一方当事人的转移。银行

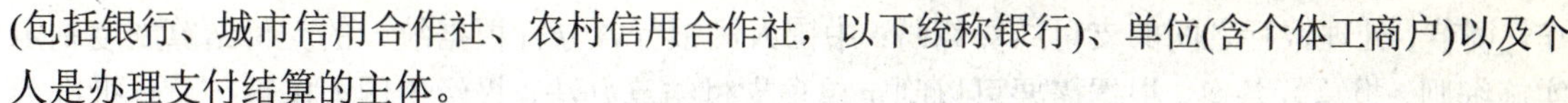

(包括银行、城市信用合作社、农村信用合作社，以下统称银行)、单位(含个体工商户)以及个人是办理支付结算的主体。

二、支付结算的方式

单位和个人在日常的活动中的结算可分为现金和非现金结算两类。我国目前使用的人民币非现金结算工具主要包括“三票一卡”和其他结算方式：“三票一卡”指支票、本票、汇票和信用卡；其他结算方式有汇兑、委托收款、托收承付等。其中，支票、本票、汇票属于票据结算方式，而其他的为非票据结算方式。

十一届三中全会以来，随着我国经济、金融体制的不断改革，票据的应用得到了较大的发展。1988 年，我国银行结算制度实行全面改革，建立了以汇票、本票和支票为主的结算制度，确立了银行结算票据化的发展方向，票据结算得以广泛应用。1996 年 1 月 1 日起开始实施的《中华人民共和国票据法》对规范票据行为，保障票据当事人合法权益，维护社会经济秩序，促进我国社会主义市场经济的健康发展起到了重要作用。

三、支付结算的特征

(一) 支付结算必须通过中国人民银行批准的金融机构进行

支付结算包括票据、信用卡、汇兑、托收承付、委托收款、电子支付等结算行为，这些结算行为必须通过中国人民银行批准的金融机构和其他机构才能进行。《支付结算办法》第六条规定：银行是支付结算和资金清算的中介机构。未经中国人民银行批准的非银行金融机构和其他单位不得作为中介机构经营支付结算业务，但法律、法规另有规定的除外。

(二) 支付结算是一种要式行为

所谓要式行为是指法律法规规定必须依照一定形式进行的行为。如果该行为不符合法律规定的形式要件，即为无效。票据和结算凭证是办理支付结算的工具。单位、个人和银行办理支付结算，必须使用按中国人民银行统一规定印制的票据凭证和统一规定的结算凭证，未使用中国人民银行统一规定印制的票据，票据无效；未使用中国人民银行统一规定格式的结算凭证，银行不予受理。

(三) 支付结算的发生取决于委托人的意志

银行在支付结算中充当中介机构角色，因此，银行只需要以善意且符合规定的正常操作程序进行审查，对伪造、编造的票据和结算凭证上的签章以及需要交验的个人有效身份证件未发现异常而支付金额的，对出票人或付款人不再承担受委托付款的责任，对持票人或收款人不再承担付款的责任。

(四) 支付结算实行统一和分级管理相结合的管理体制

支付结算是一项政策性强，与当事人利益息息相关的活动。因此，必须对其实行统一管理。中国人民银行总行负责制定统一的支付结算制度，组织、协调、管理、监督全国的支付结算工作，调节、处理银行之间的支付结算纠纷；中国人民银行各分行根据统一的支付结算制度制定实施细则，报总行备案，根据需要可以制定单项支付结算办法，报经中国人民银行总行批准后执行。中国人民银行分、支行负责组织、协调、管理和监督本辖区的支付结算工作，调节与处理本辖区银行之间的支付结算纠纷。

（五）支付结算必须依照相关法律进行

《支付结算办法》规定："银行、城市信用合作社、农村信用合作社以及单位和个人(含个体工商户)办理支付结算必须遵守国家法律、法规和本办法的各项规定，不得损害社会公共利益。"因此，支付结算的当事人必须严格依法进行支付结算活动。

【思考题 2-1】 办理支付结算的主体有(　　)。

A. 银行　　B. 个人

C. 信用合作社　　D. 单位

【思考题 2-2】 下列属于支付结算方式的有(　　)。

A. 银行卡　　B. 信用证

C. 汇兑　　D. 委托收款

四、支付结算的基本原则

支付结算的基本原则是单位、个人和银行在进行支付结算活动时所必须遵守的行为准则。

（一）恪守信用、履约付款原则

在市场经济条件下，存在多种交易形式，相应地存在着各种形式的商业信用。收付双方在经济往来过程中，在相互信任的基础上，根据双方的资信情况自行协商约期付款。一旦交易双方达成了协议，那么交易的一方就应当根据事先的约定行事，及时提供货物或劳务，而另一方则应按约定时间、方式支付款项。这一原则是民法通则中"诚实信用"原则在支付结算里的具体体现，是维护当事人经济利益和社会经济秩序的重要保证。

（二）谁的钱进谁的账，由谁支配原则

银行办理结算时，必须按照存款人的委托，将款项支付给指定收款人。对存款人的资金，除法律另有规定外，必须由其自主支配，银行无权在未经存款人授权或委托的情况下，擅自动用存款人在银行账户的资金。这一原则既保护了存款人的合法权益，又增加了银行办理结算的责任。

（三）银行不垫款原则

银行作为办理支付结算的中介机构，负责根据结算当事人的要求办理结算资金业务，不承担垫付任何款项的责任。该原则划清了银行资金与存款人资金的界限，保护银行资金的所有权和经营权，促使开户单位和个人直接对自己的债权债务负责。

五、办理支付结算的基本要求

(1) 单位、个人和银行办理支付结算必须使用按中国人民银行统一规定印制的票据和结算

凭证。未使用的，票据无效，银行不予受理。

(2) 单位、个人和银行应当按照《银行账户管理办法》的规定开立、使用账户。账户内需要存足够的资金保证支付。除法律另有规定外，银行不得为任何单位或个人查询账户，不得冻结、扣划款项。

(3) 票据和结算凭证上的签章和其他记载事项应当真实，不得伪造、变造。所谓伪造是指无权限人假冒他人或虚构人名义签章的行为。变造是指无权更改票据内容的人，对票据签章以外的记载事项加以改变的行为。票据上有伪造、变造签章的，不影响票据上其他当事人真实签章的效力。

票据和结算凭证的金额、出票或签发日期、收款人名称不得更改，更改的票据无效，银行不予受理。

单位在票据上的签章，为该单位盖章加其法定代表人或其授权的代理人的签名或盖章；个人在票据和结算凭证上的签章(单章)，为该个人本人的签名或盖章。

【思考题 2-3】 根据我国《支付结算办法》的规定，单位、个人和银行在票据上签章时，必须按照规定进行。下列签章有效的有(　　)。

A. 单位在票据上使用该单位的公章加其授权的代理人的签名

B. 个人在票据上使用与其身份证不一致的签名

C. 支票的出票人在票据上使用其预留银行的签章

D. 银行汇票的出票人在票据上只能使用经中国人民银行批准使用的该银行汇票专用章加其法定代表人的签章

【思考 2-4】 根据《支付结算办法》的规定，签发票据和结算凭证时不得更改的项目有(　　)。

A. 出票或签发日期　　B. 收款人名称

C. 金额　　D. 用途

(4) 填写票据和结算凭证应当规范，做到要素齐全、数字正确、字迹清晰、不错不漏、不潦草，防止涂改。中文大写金额数字应用正楷或行书填写，如壹、贰、叁、肆、伍、陆、柒、捌、玖、拾、佰、仟、万、亿、元、角、分、零、整(正)等字样。不得用一、二、三、四、五、六、七、八、九、十、廿、毛、另等填写，不得自造简化字。

关于金额，中文大写金额数字到“元”为止的，在“元”之后，应写“整”(或“正”)字，在角之后可以不写“整”(或“正”)字。大写金额数字有“分”的，“分”后面不写“整”(或“正”)字。阿拉伯小写金额前面，均应填写人民币符号，数字中有“0”时，中文大写应按照汉语语言规律、金额数字构成和防止涂改的要求进行书写。

1) 阿拉伯小写金额数字中有 0 时，中文大写要写零，如￥1 409.50 应写为人民币壹仟肆佰零玖元伍角。

2) 阿拉伯小写金额数字中有连续几个 0 时，中文大写只写一个零，如￥6 007.14 应写为人民币陆仟零柒元壹角肆分。

3) 阿拉伯小写金额数字万位或元位为 0 时，或者数字中间连续有几个 0，万位、元位也是 0，但千位、角位不是 0，中文大写金额中可以只写一个零，也可以不写零。如￥1 680.32 应写为人民币壹仟陆佰捌拾元零叁角贰分(也可不写零)。￥107 000.53 应写为人民币壹拾万柒仟元零伍角叁分。

4) 阿拉伯数字角位是0，而分位不是0时，中文大写金额“元”后面应写零。如￥16 409.02应写为人民币壹万陆仟肆佰零玖元零贰分。￥325.04应写为人民币叁佰贰拾伍元零肆分。

中文大写金额数字前应标明“人民币”字样，大写金额数字应紧接“人民币”字样填写，不得留有空白。大写金额数字前未印“人民币”字样的，应加填“人民币”三字。票据和结算凭证金额应以中文大写和阿拉伯数码同时记载，必须一致，不一致的票据无效。

(5) 票据的出票日期必须使用中文大写。为防止变造票据的出票日期，填写月、日时，月为壹、贰和壹拾的，日为壹至玖和壹拾、贰拾和叁拾的，应在其前加“零”；日为拾壹至拾玖的，应在其前面加“壹”。如，2月12日，应写成零贰月壹拾贰日；10月20日，应写成零壹拾月零贰拾日。1月15日，应写成零壹月壹拾伍日。

票据出票日期使用小写填写的，银行不予受理。大写日期未按要求规范填写的，银行可予受理，但由此造成损失的，由出票人自行承担。

(6) 关于收款人，必须使用全称或者规范的简称。

【思考题2-5】某出票人于3月20日签发一张现金支票。根据《支付结算办法》的规定，对该支票“出票日期”中“月”“日”的下列填法中，符合规定的是(　　)。

A. 零叁月贰拾日　　B. 叁月零贰拾日

C. 叁月贰拾日　　D. 零叁月零贰拾日

【思考题2-6】下列属于办理支付结算基本要求的有(　　)。

A. 单位、个人和银行办理支付结算必须使用按中国人民银行统一规定印制的票据和结算凭证

B. 单位、个人和银行应当按照《银行账户管理办法》的规定开立、使用账户

C. 票据和结算凭证上的签章和其他记载事项应当真实，不得伪造、变造

D. 大写金额数字应用正楷或行书填写，不得自造简化字

【思考题2-7】2013年6月17日，甲公司财务人员收到一张支票，到银行兑现时，银行发现出票日期是6月19日，问财务人员为什么写成19日，财务人员拿支票后，直接将支票上的“柒”划掉，改为“玖”。银行是否受理？票据上应盖章什么章？

【思考题2-8】下列各项中，不符合票据和结算凭证填写要求的是(　　)。

A. 中文大写金额数字到“角”为止的，在“角”之后没有写“整”字

B. 票据出票日期用阿拉伯数字填写

C. 阿拉伯小写金额数字前填写了人民币符号

D. “1月15日”出票的票据，票据的出票日期填写为“零壹月壹拾伍日”

第二节　现金管理条例

现金即货币，由于它具有普遍的可接受性，因此，被用于支付结算各项费用和清偿各种债

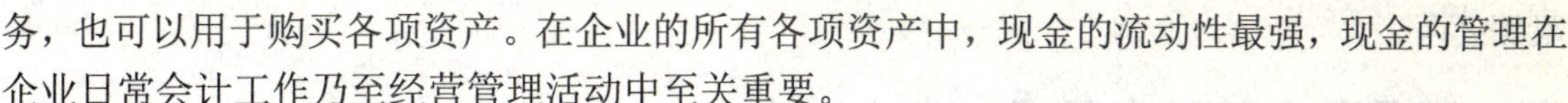

务，也可以用于购买各项资产。在企业的所有各项资产中，现金的流动性最强，现金的管理在企业日常会计工作乃至经营管理活动中至关重要。

根据《现金管理暂行条例》的规定，凡在银行和其他金融机构开立账户的机关、团体、部队、企业、事业单位和其他单位，必须依照条例规定收支和使用现金，接受开户银行的监督。

一、开户单位使用现金的范围

根据《现金管理暂行条例》，开户单位可以在下列范围内使用现金：

(1) 职工工资、津贴。这里所说的职工工资指企业、事业单位和机关、团体、部队支付给职工的工资和工资性津贴。

(2) 个人劳务报酬。指由于个人向企业、事业单位和机关、团体、部队等提供劳务而由企业、事业单位和机关、团体、部队等向个人支付的劳务报酬，包括新闻出版单位支付给作者的稿费。各种学校、培训机构给外聘教师的讲课费、设计费、装潢费、安装费、制图费、咨询费、技术服务费等。

(3) 根据国家制度、条例的规定，颁发给个人的科学技术、文化艺术、体育等方面的各种奖金。

(4) 各种劳保、福利费用以及国家规定的对个人的其他支出，如退休金、抚恤金、职工困难生活补助等。

(5) 收购单位向个人收购农副产品和其他物资的价款，如收购废旧物资的价款。

(6) 出差人员必须随身携带的差旅费。

(7) 结算起点(1 000 元)以下的零星支出。

(8) 中国人民银行确定需要支付现金的其他支出。如采购地点不确定、交通不便、抢险救灾以及其他特殊情况，办理转账结算不够方便，必须使用现金的支出。对于这类支出，现金支取单位应向开户银行提出书面申请，由本单位财会部门负责人签字、盖章，开户银行审查批准后予以支付现金。

除上述(5)(6)两项之外，其他支付给个人的款项中，支付现金每个人不得超过 1 000 元，超过限额的部分根据提款人的要求，在指定的银行转存为储蓄存款或以支票、银行本票予以支付。企业与其他单位的经济往来除规定的范围可以使用现金外，应通过开户银行进行转账结算。

二、现金使用的限额

现金使用的限额，是指为了保证开户单位日常零星开支的需要，允许单位留存的最高数额。这一限额由开户银行根据单位的实际需要核定，一般按照单位 3～5 天的日常零星开支所需确定。边远地区和交通不便地区的开户单位的库存现金限额，可按多于 5 天，但不超过 15 天的日常零星开支的需要开户银行审核。经核定的库存现金限额，开户单位必须严格遵守。需要增加或者减少库存现金限额的，应当向开户银行提出申请，由开户银行核定。

对没有在银行单独开立账户的附属单位也要实行现金管理，必须保留的现金，也要核定限额，其限额包括在开户单位的库存限额之内。

商业和服务行业的招领备用金也要根据营业额核定定额，但不包括在开户单位的库存现金限额之内。

三、现金收支的基本要求

(1) 开户单位现金收入应当于当日送存开户银行，当日送存确有困难的，由开户银行确定送存时间。

(2) 开户单位支付现金，可以从本单位库存现金限额中支付或从开户银行提取，不得从本单位的现金收入中直接支付，即不得“坐支”现金，因特殊情况需要坐支现金的，应当事先报经开户行审核批准，由开户银行核定坐支范围和限额。

(3) 开户单位根据规定从开户银行提取现金时，应如实写明提取现金的用途，由本单位财会部门负责人签字盖章，并经开户银行审核后予以支付现金。

(4) 因采购地点不确定、交通不便、生产或者市场急需、抢险救灾以及其他特殊情况必须使用现金的，开户单位应当向开户银行提出申请，由本单位财会部门负责签字盖章，并经开户银行审核后，予以支付现金。

(5) 开户单位不准用不符合国家统一的会计制度的凭证顶替库存现金，即不得“白条顶库”；不准编造用途套取现金，不得设置“小金库”等。

(6)不准单位之间互相借用现金，不准利用银行账户代其他单位和个人存入或支取现金，不准将单位收入的现金以个人名义存入，不准保留账外公款，不准发行变相货币，不准以任何票券代替人民币在市场上流通。

【案例分析 2-1】

光华有限责任公司经开户银行核准后，允许保留的库存现金限额为60 000元。5月10日，企业的库存现金为人民币80 000元，经企业领导人同意，出纳将10 000元存入会计机构负责人王某的个人信用卡内，向采购部经理支付出差差旅费5 000元，向外请专家张教授支付业务咨询费1 000元，购买农产品支付现金4 000元，借与庆源有限公司60 000元。

试分析以上各项行为是否符合《中华人民共和国现金管理暂行条例》？

【分析与提示】光华有限责任公司5月10日保留的库存现金数额超过开户银行的核准数额。出纳将现金10 000元直接存入个人的信用卡内违反了“不准将单位收入的现金以个人名义存入”。借与庆源公司60 000元违反了“不准单位之间互相借用现金”的条款。

第三节　银行结算账户

一、银行结算账户的概念和种类

1. 银行结算账户的概念

银行结算账户是指存款人在经办银行开立的办理资金收付计算的人民币活期存款账户。它是存款人办理存贷款和资金收付的基础。这里的“存款人”是指在中国境内开立银行结算账户的机关、团体、部队、企业、事业单位、其他组织、个体工商户和自然人。“银行”是指在中国人民银行批准经营支付结算业务的政策性银行、商业银行、城市信用社、农村信用社、邮政储蓄银行等。

2．银行结算账户的种类

(1) 银行结算账户按照用途不同，分为基本存款账户、一般存款账户、专用存款账户、临时存款账户。

(2) 银行结算账户按存款人不同，分单位银行结算账户和个人银行结算账户。

单位银行结算账户是指存款人以单位名称开立的银行结算账户。个体工商户凭营业执照以字号或经营者姓名开立的银行结算账户纳入单位银行结算账户管理。

个人银行结算账户是指存款人凭个人身份证件以自然人名称开立的银行结算账户。个人因使用借记卡、信用卡在银行或邮政储蓄机构开立的银行结算账户，纳入个人银行结算账户管理。

【思考 2-9】 单位银行结算账户按用途分为(　　)。

A. 基本存款账户　　B. 一般存款账户

C. 个人结算账户　　D. 临时存款账户

(3) 银行结算账户根据开户地的不同分为本地银行结算账户和异地结算账户。本地银行结算账户是指存款人在注册地或住所地开立的银行结算账户。异地银行结算账户是指存款人根据规定的条件在异地(跨省、市、县)开立的银行结算账户。根据《账户管理办法实施细则》的有关解释，这里所指的“注册地”是指存款人的营业执照等开户证明文件上记载的住所地。

银行结算账户的类别不同，其开立、使用和管理也不尽相同。

3．银行结算账户的管理

(1) 银行结算账户的开立。存款人开立银行结算账户应当以实名开立，并对银行出具的开户资料内容的真实性负责，但法律、行政法规另有规定的除外。存款人应在注册地和住所地开立银行结算账户，并不得出租、出借账户。

(2) 账户管理应遵守的基本原则。一个基本账户原则，即单位银行结算账户的存款人只能在银行开立一个基本存款账户，不能多头开立基本存款账户。

(3) 自主选择开户银行结算账户原则。存款人可以自主选择银行开立银行结算账户。除国家法律、法规和国务院规定外，任何单位和个人不得强令存款人到指定银行开立银行结算账户。开户银行要遵守替储户保密原则。

二、银行结算账户的开立、变更和撤销

1．银行结算账户的开立

(1) 存款人应在注册地或住所地开立账户。存款人开立银行结算账户的程序如图2-1所示。

(2) 存款人开立基本存款账户、临时存款账户(除注册验资增资户)，预算单位开立专用存款账户，外国人在中国境内开立的证券投资专用户实行核准制，经中国人民银行核准后颁发开户登记证。

(3) 开设基本存款账户、临时存款账户(不含注册验资和增资验资)、预算单位专用存款账

户和合格的境外机构投资者(QFII)专用存款账户要经中国人民银行在2天内核准，领取开户许可证后，方可办理开户手续。

开设一般存款账户、其他专用存款账户和个人银行结算账户，开户行直接办理，并自开户之日起5个工作日内向中国人民银行当地分、支行备案。

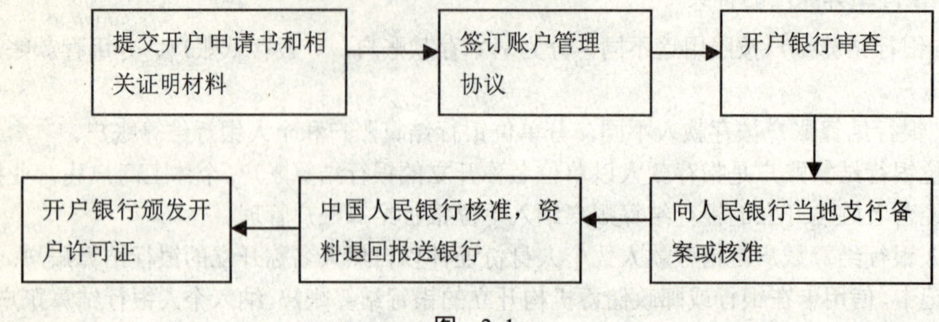

图 2-1

(4) 银行结算账户，自正式开立之日起3个工作日后，方可使用该账户办理付款业务，但注册验资的临时存款账户转为基本存款账户和因借款转存开立的一般存款账户除外。开立银行结算账户建立存款人预留签章卡片，并将签章式样和有关证明文件的原件或复印件留存归档。

【思考题 2-10】 符合开立一般存款账户、其他专用存款账户和个人结算账户条件的，银行办理开户手续，并于开户之日起(　　)个工作日，向中国人民银行当地分支行备案。

A. 3　　　　B. 5

C. 2　　　　D. 10

【思考题 2-11】 人民银行应于(　　)工作日内对银行报送的基本存款账户等开户资料的合理性予以审核，符合条件的发放开户许可证。

A. 3　　　　B. 5

C. 2　　　　D. 10

2. 银行结算账户的变更

(1) 银行结算账户变更的概念。银行结算账户变更是指存款人账户信息资料发生变化或改变，主要包括，存款人账户名称、单位法定代表人或主要负责人；地址、邮编电话等其他开户资料的改变。

(2) 银行结算账户的变更手续。银行结算账户发生变更的，应当办理相关的变更手续。根据《人民银行结算账户管理办法》的有关规定，银行结算账户的存款人名称发生变更，但不改变开户银行及账户的，应于5个工作日内书面通知开户银行并提供有关证明。开户行应及时办理变更手续，并于2个工作日内向中国人民银行报告。

3. 银行结算账户的撤销

银行结算账户的撤销是指存款人因开户资格或其他原因终止银行结算账户使用的行为。根据《人民币银行结算账户管理办法》的规定，存款人有下列情形之一的，应向开户银行提出撤销银行结算账户和申请：

(1) 被撤并、解散、宣告破产或关闭的；

(2) 注销、被吊销营业执照的；

(3) 因迁址需要变更开户银行的；

(4) 其他原因需要撤销银行结算账户的。

存款人因有以上项目情形终止主体资格的，应于5个工作日内向开户银行提出撤销银行结算账户的申请。存款人申请撤销基本存款账户的，开户银行应自撤销银行结算账户之日起2个工作日内将撤销该基本存款账户的情况说明书通知该存款人其他银行结算账户的开户行，其他账户开户行收到通知日起2日内通知存款人撤销其他账户。存款人应自收到通知之日起3日内办理其他银行结算账户的撤销手续。

【思考题2-12】 下列哪些事项，可以撤销结算账户(　　)。

A. 存款人变更名称但不变更银行账户名称的　　B. 存款人因被吊销营业执照的

C. 存款人因迁址需要变更开户银行的　　D. 存款人因迁址但不变更开户银行的

4. 办理银行结算账户撤销手续应当注意的事项

(1) 未获得工商部门核准登记的单位，申请撤销注册验资账户的，其账户资金退还给原汇款人。注册验资资金以现金方式存入，出资人提取现金的，应出具缴存现金时的现金缴款原件及有效身份证件。

(2) 存款人尚未清偿开户银行债务的，不得申请撤销银行帐户。

(3) 存款人撤销存款账户，必须与开户银行核对银行结算账户存款余额，并交回各种重要空白票据，及结算凭证和开户登记证，银行核对无误后办理销户手续。

(4) 开户行撤销账户后，应在其基本存款账户开户登记账证上注明销户日期并签章，同时于撤销账户之日起2日内向中国人民银行报告。

(5) 开户银行对已开户的但一年内未发生任何业务的账户，应通知存款人自发出通知30日内到开户银行办理销户手续，逾期视同自愿销户，未划转款项列入久悬未取专户管理。

【思考2-13】 银行对一年未发生收付活动且未欠银行债务的单位的结算账户，应通知其(　　)内办理销户手续。

A. 30　　B. 7

C. 10　　D. 20

【案例分析2-2】

2012年10月9日，曙光集团的财务科长持有关证件到中国工商银行办理基本存款账户开立手续，中国工商银行审核后，即为其办理了开户手续。同时，该科长又持上述证件和与农行的贷款合同到中国农业银行开立了一般存款账户。10月10日，该科长在中国工商银行购买一本支票，并当场签发了金额为2万元的转账支票一张。中国工商银行为其办理了转账手续。分析上述行为有无不合法之处？

【分析与提示】基本存款账户属于中国人民银行核准类账户，中国工商银行应当自收到曙光集团开户申请后2个工作日内向人民银行进行核准，因此10月9日当天即为其办理了开户手续是不符合法律规定的。另外，基本存款账户取得开户许可证后方可办理企业一般存款账户，本案中10月10日曙光企业在农业银行办理一般存款账户不符合法律规定。最后，账户在开户成立后3个工作日之后方可使用，本案中10月10日当天曙光集团在中国工商银行购买转账支票并签发的行为不符合法律规定。

三、基本存款账户

1. 基本存款账户的概念

基本存款账户是存款人因办理日常转账结算和现金收付需要开立的银行结算账户。

2. 基本存款账户的开户要求

下列存款人可以申请开立基本存款账户：

(1) 企业法人；

(2) 非企业法人；

(3) 机关、事业单位；

(4) 团级(含)以上军队、武警部队及分散执勤的支(分)队；

(5) 社会团体；

(6) 民办非企业组织(如不以盈利为目的的民办学校、福利院、医院)；

(7) 异地常设机构；

(8) 外国驻华机构；

(9) 个体工商户；

(10) 居民、社区委员会；

(11) 单位设立的独立核算的附属机构(食堂、招待所、幼儿园)；

(12) 其他组织等。

由上可见，凡是具有民事行为能力，并依法独立享有民事权利和承担民事义务的法人和其他组织，均可以开立基本存款账户。同时，有些单位虽然不是法人组织，但具有独立核算资格，有自主办理资金结算的需要，包括非法人企业、外国驻华机构、个体工商户、单位设立的独立核算的附属机构等，也可以开立基本存款账户。

3. 开立基本存款账户所需的证明文件

(1) 企业法人，应出具企业营业执照正本。

(2) 非法人企业，应出具企业营业执照正本。

(3) 机关和实行预算管理的事业单位，应出具政府人事部门或编制委员会的批文或登记证书和财政部门同意其开户的证明。非预算管理的事业单位，应出具政府人事部门或编制委员会的批文或等级证书。

(4) 军队、武警团级(含)以上单位以及分散执勤的支(分)队，应出具军队军级以上单位财务部门、武警总队财务部门的开户证明。

(5) 社会团体应出具社会团体登记证书，宗教组织还应出具宗教事务管理部门的批文或者证明。

(6) 民办非企业组织，应出具其驻在地政府主管部门的批文。

(7) 外地常设机构，应出具其驻在地政府主管部门的批文。

(8) 外国驻华机构，应出具国家有关主管部门的批文或证明；外资企业驻华代表处、办事处应出具国家等级机关颁发的登记证。

(9) 个体工商户，应出具个体工商户营业执照正本。

(10) 居民委员会、村民委员会、社区委员会，应出具其主管部门的批文或证明。

(11) 独立核算的附属机构，应出具其主管部门的基本存款账户开户登记证和批文。

(12) 其他组织，应出具政府主管部门的批文或证明。

如果上述存款人为从事生产、经营活动纳税人的，还应出具税务部门颁发的税务登记证书。

4. 基本存款账户使用范围

基本存款账户是存款人的主办账户，存款人只能在银行开立一个基本存款账户。存款人日常经营活动的资金收付及其工资、奖金和现金的支取，应通过该账户办理。

【思考题 2-14】 主要办理存款人日常经营活动资金收付及其工资、奖金和现金支取的账户是(　　)。

A. 一般存款账户　　B. 基本存款账户

C. 专用存款账户　　D. 临时存款账户

【思考题 2-15】申请开办基本存款账户证明文件有(　　)。

A. 税务登记证　　B. 营业执照正本

C. 借款合同　　D. 个人身份证

四、一般存款账户

1. 一般存款账户的概念

一般存款账户是指存款人因借款或其他结算需要，在基本户开户银行以外的银行营业机构开立的银行结算账户。

一般存款账户主要用于办理存款人借款转存，借款归还和其他结算的资金收付。该账户可以办理现金缴存，但不得办理现金支取。

2. 开立一般存款账户需要的资料

存款人申请开立一般存款账户，应向银行出具下列证明：

(1) 其开立基本存款账户规定的证明文件；

(2) 基本存款账户开户登记证；

(3) 存款人因向银行借款需要，应出具借款合同；

(4) 存款人因其他结算需要，应出具有关证明。

【思考题 2-16】 存款人因办理日常转账结算和现金收付需要而开立的银行结算账户是(　　)。

A. 一般存款账户　　B. 基本存款账户

C. 专用存款账户　　D. 临时存款账户

【思考题 2-17】 用于办理存款人借款转存、借款归还和其他结算的资金收付账户是( )。

A. 一般存款账户　　B. 基本存款账户
C. 专用存款账户　　D. 临时存款账户

【思考题 2-18】 一般存款账户，主要用于( )。

A. 办理存款人借款转存　　B. 借款归还
C. 其他结算资金收付　　D. 现金支取

【思考题 2-19】 开立一般存款账户，应提供的证明有( )。

A. 开立基本存款账户规定的证明文件
B. 基本存款账户的开户登记证
C. 借款合同
D. 存款人因其他结算需要，应出具有关证明

【思考题 2-20】 下列有关银行账户的表述中正确的有( )。

A. 一个单位只能在一家银行开立一个基本存款账户
B. 一个单位可以在多家银行开立多个一般存款账户
C. 现金缴存可以通过一般存款账户办理
D. 现金支付不能通过一般存款账户办理

五、专用存款账户

1. 专用存款账户的概念

专用存款账户是存款人按照法律、行政法规和规章，对其特定用途资金进行专项管理和使用而开立的银行结算账户。

2. 专用存款账户的适用范围

对下列资金的管理与使用，存款人可以申请开立专用存款账户：

(1) 单位银行卡备用金。该账户的资金不许由其基本存款账户转账存入，不得办理现金收付业务。

(2) 财政金融类。证券交易结算资金、期货交易保证金、信托基金、财政预算外资金。该专用存款账户不得支取现金。

(3) 建设类。基本建设资金、政策性房地产开发资金、更新改造资金、金融机构存放同业资金。该专业存款账户需要支取现金的，应在开户时报中国人民银行当地分(支)行批准。中国人民银行当地分(支)行应根据国家现金管理的规定审查批准。

(4) 民生类。粮棉油收购资金、社会保障基金、党团工会设在单位的组织机构经费。该专用存款账户需要支取现金时，应按照国家现金管理的规定办理。

(5) 其他类。收入汇缴资金、业务支出资金(附属的非独立核算单位)及其他需要专项管理和使用的资金。收入汇缴账户除向其基本存款账户或预算外资金财政专用存款户划缴款项外，只收不付，不得支取现金。业务支出账户除从其基本存款账户拨入款项外，只付不收，其现金

支取必须按照国家现金管理的规定办理。

六、临时存款账户

1．临时存款账户的概述和开户要求

临时存款账户是存款人因临时需要并在规定期限内使用而开立的银行结算账户。存款人有下列情形之一时，可申请开立临时账户：

(1) 设立临时机构，例如，设立工程指挥部、摄制组、筹备领导小组等。

(2) 异地临时经营活动，例如，建筑施工及安装(不超过项目合同个数)单位等在异地的临时经营活动。

(3) 注册验资。

(4) 境外(含港澳台地区)机构在境内从事经营活动等。

2．开立临时存款账户需提供的证明文件

(1) 临时机构，应出具其驻在地主管部门同意设立临时机构的批文。

(2) 异地建筑施工及安装单位，应出具其营业执照正本或其隶属单位的营业执照正本，以及施工及安装地建设主管部门核发的许可证或建筑施工及安装合同。

(3) 异地从事临时经营活动的单位，应出具其营业执照正本以及临时经营地工商行政管理部门的批文。

(4) 注册验资资金，应出具工商行政管理部门核发的企业名称预先核准通知书或有关部门的批文。

临时存款账户支取现金，应按照国家现金管理的规定办理。注册验资的临时存款账户在验资期间只收不付。临时存款账户有效期最长不得超过 2 年。

【思考题 2-21】(　　)的情况下，存款人可以申请开立临时存款账户。

A. 注册验资　　B. 缴纳住房基金

C. 异地临时经营活动　　D. 支付职工差旅费

【思考题 2-22(判断)】企业申请开立注册验资资金临时存款账户，应向银行出具工商行政管理部门核发的企业名称预先核准通知书或有关部门的批文。　　(　　)

【思考题 2-23】 存款人可以办理现金缴存，但不得办理现金支取的账户是(　　)。

A. 一般存款账户　　B. 基本存款账户

C. 专用存款账户　　D. 临时存款账户

【思考题 2-24】 存款人按法律规定，对其特定用途资金进行专项管理和使用而开立的银行结算账户是(　　)。

A. 一般存款账户　　B. 基本存款账户

C. 专用存款账户　　D. 临时存款账户

【思考题 2-25】 存款人因临时需要并在规定期间内使用而开立的账户是(　　)。

A. 一般存款账户　　B. 基本存款账户

C. 专用存款账户　　D. 临时存款账户

【思考题 2-26】 下列资金的管理与使用，可以申请开立专用存款账户的是(　　)。

A. 证券交易结算资金　　B. 粮棉油收购资金

C. 注册验资资金　　D. 期货交易资金

七、个人银行结算账户

1. 个人结算账户的概念和使用范围

个人银行结算账户是自然人因投资、消费、结算等需要，凭个人身份证件以自然人名称开立的银行结算账户。邮政储蓄机构办理银行卡业务开立的账户纳入个人银行账户管理。自然人可以在储蓄账户中选择并向开户银行申请确认为个人银行结算账户。

个人有下列情况的，可申请开立个人结算账户：使用支票、信用卡等支付工具；办理汇兑、定期借记(代付水、电、话费)、定期贷记(贷发工作)、借记卡等结算业务。

个人银行结算账户用于办理个人转账收付和现金存取，储蓄账户仅限于办理现金存款业务，不得办理转账结算。

个人银行结算账户的功能：一是活期储蓄，二是普通转账，三是使用支票、信用卡等。

2. 个人银行结算账户使用中应注意的问题

(1) 单位从其银行结算账户支付给个人银行结算账户的款项，每笔超过 5 万元的，应向其开户银行提供付款依据。

(2) 从单位银行结算账户支付给个人银行结算账户的款项应纳税的，税收代扣单位付款时应向其开户银行提供完税证明。

(3) 储蓄账户仅限于办理现金存取业务，不得办理转账结算。

【思考题 2-27】 存款人有(　　)的，可以申请设立个人银行结算账户。

A. 使用支票、信用卡等支付工具

B. 办理汇兑、借记、定期贷记卡、借记卡

C. 个人证券交易结算资金

D. 住房基金

【思考题 2-28】 下列关于个人银行结算账户的说法中，正确的有(　　)。

A. 自然人可根据需要申请开立个人银行结算账户

B. 自然人可在已开立的储蓄账户中选择并向银行申请确认为结算账户

C. 个人银行结算账户可用于办理个人转账收付和现金支取

D. 储蓄账户仅限于办理现金存取业务，不得办理转账结算

八、异地银行结算账户

1. 异地结算账户的概念

异地银行结算账户是指存款人符合法定条件，根据需要在其注册地或住所地以外开立的结算账户。

2．异地结算账户开立的条件

存款人有下列情形之一的，可以在异地开立有关银行结算账户。

(1) 营业执照注册地与经营地不在同一行政区域(跨省、市、县)需要开立基本存款账户的；

(2) 办理异地借款和其他结算需要开立一般存款账户的；

(3) 存款人因附属的非独立核算单位或派出机构发生的收入汇缴或业务支出需要开立专用存款账户的(例如，回笼异地货款、支付异地营销开支)；

(4) 异地临时经营活动需要开立临时存款账户的(例如，文艺团体在异地的演出活动、生产厂家在异地的展销活动等)；

(5) 自然人根据需要在异地开立个人银行结算账户的。

存款人需要在异地开立单位银行结算账户，除出具属地账户管理规定的有关证明文件外，还应出具下列相应的证明文件：经营地与注册地不在同一行政区域的存款人，在异地开立基本存款账户的，应出具注册地中国人民银行分(支)行的未开立基本存款账户的证明；异地借款的存款人，在异地开立一般存款账户的，应出具在异地取得贷款的借款合同；因经营需要在异地办理收入汇缴和业务支出的存款人，在异地开立专用存款账户的，应出具隶属单位的证明。

九、银行结算账户的管理

（一）中国人民银行的管理

(1) 负责监督检查银行结算账户的开立和使用，对存款人、银行违反银行结算账户管理规定的行为予以处罚。

(2) 对银行结算账户的开立和使用实施监控和管理。

(3) 负责基本存款账户、临时存款账户和预算单位专用存款账户开户登记证的管理。任何单位及个人不得伪造、变造及私自印制开户登记证。

（二）银行的管理

银行结算账户管理档案的保管期限为银行结算账户撤销后10年。

（三）存款人的管理——预留银行签章

遗失预留公章或财务专用章的，更换预留式样。

十、违反银行账户结算管理制度的罚则

（一）存款人违反账户管理制度的处罚

区分非经营性存款人和经营性存款人的处罚。对非经营性的存款人的罚款金额都是1 000元，对经营性的存款人的罚款金额有以下3种：

(1) 1万元以上3万元以下；

(2) 5 000元以上3万元以下的罚款(违反规定将单位款项转入个人银行结算账户；违反规定支取现金；利用开立银行结算账户逃避银行债务；出租、出借银行结算账户；从基本存款账

户之外的银行结算账户转账存入、将销货收入存入或现金存入单位信用卡账户)；

(3) 1 000 元的罚款(法定代表人、主要负责人、存款人地址以及其他开户资料的变更事项未在规定期限内通知银行)。

(二)违反账户管理制度的处罚(银行结算账户的开立过程中)

(1) 给予警告，并处以 5 万元以上 30 万元以下的罚款：违反《人民币银行结算账户管理办法》规定为存款人多头开立银行结算账户；明知或应知是单位资金，而允许以自然人名称开立账户存储。

(2) 其余给予警告，并处以 5 千元以上 3 万元以下的罚款：违反各项存款账户的使用规则如表 2-1 所示。

表 2-1 各项存款账户的使用规则

基本存款账户	办理日常转账结算和现金收付	存款人的主办账户，一个单位只能开立一个基本存款账户。存款人日常经营活动的资金收付及其工资、奖金和现金的支取，应通过基本存款账户办理
一般存款账户	因借款或其他结算需要，在基本存款账户开户银行以外的银行营业机构开立	用于办理存款人借款转存、借款归还和其他结算的资金收付。一般存款账户可以办理现金缴存，但不得办理现金支取
专用存款账户	对有特定用途资金进行专项管理和使用	(1) 单位银行卡账户的资金(备用金)必须由其基本存款账户转账存入。该账户不得办理现金收付业务
		(2) 财政预算外资金、证券交易结算资金、期货交易保证金和信托基金专用存款账户不得支取现金
		(3) 基本建设资金、更新改造资金、政策性房地产开发资金、金融机构存放同业资金账户需要支取现金的，应在开户时报中国人民银行当地分支行批准
		(4) 粮、棉、油收购资金，社会保障基金，住房基金和党、团、工会经费等专用存款账户支取现金应按照国家现金管理的规定办理
		(5) 收入汇缴账户除向其基本存款账户或预算外资金财政专用存款户划缴款项外，只收不付，不得支取现金。业务支出账户除从其基本存款账户拨入款项外，只付不收，其现金支取必须按照国家现金管理的规定办理
预算单位零余额账户	预算单位使用财政性资金	用于财政授权支付，可以办理转账、提取现金等结算业务，可以向本单位按账户管理规定保留的相应账户划拨工会经费、住房公积金及提租补贴，以及财政部门批准的特殊款项
临时存款账户	临时需要并在规定期限内使用	用于办理临时机构以及存款人临时经营活动发生的资金收付。有效期限最长不得超过 2 年。注册验资的临时存款账户在验资期间只收不付
个人银行结算账户	因投资、消费、结算等需要而凭个人身份证件以自然人名称开立	单位从其银行结算账户支付给个人银行结算账户的款项，每笔超过 5 万元(不包含 5 万元)的，应向其开户银行提供付款依据
		从单位银行结算账户支付给个人银行结算账户的款项应纳税的，税收代扣单位付款时应向其开户银行提供完税证明

续表

<table>
<tr><td rowspan="5">异地银行结算账户</td><td rowspan="5">在其注册地或住所地行政区域之外(跨省、市、县)开立</td><td>(1) 营业执照注册地与经营地不在同一行政区域</td></tr>
<tr><td>(2) 办理异地借款和其他结算</td></tr>
<tr><td>(3) 因附属的非独立核算单位或派出机构发生的收入汇缴或业务支出需要</td></tr>
<tr><td>(4) 异地临时经营活动需要</td></tr>
<tr><td>(5) 自然人根据需要在异地开立</td></tr>
</table>

第四节　票据结算方式

一、票据的概述

(一) 票据的概念和种类

1. 票据的概念

票据是指由出票人签发的、约定自己或者委托付款人在见票时或指定的日期向收款人或持票人无条件支付一定金额的有价证券。在我国，票据包括银行汇票、商业汇票、银行本票和支票，图 2-2 所示为票据的种类。

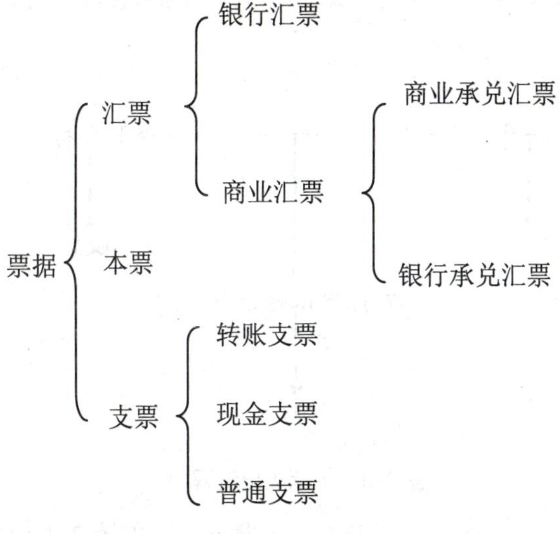

图 2-2　票据的种类

2. 票据的特征

(1) 票据是依法签发的有价证券，具有一定的票面金额，谁合法拥有票据，谁就有权凭票据取得票据上规定的金额。“有价证券”是指设立并证明持有人有权取得一定财产权利的书面保证。

(2) 票据所列示的权利与票据不可分离，票据权利的产生、转移和行使等均以票据的存在为前提。即票据权利的发生，必须作成票据；票据权利的转移，必须交付票据；票据权利的行使，必须提示票据，票据权利与票据融为一体。

(3) 票据是出票人做出的到期向持票人支付一定金额的承诺。出票人开出票据，就必须承担到期支付票据上规定的金额的义务，只有支付了金额才能解除其承担的义务。

(4) 票据出票人做出的付款承诺是无条件的，出票人一旦开出票据，就必须到期支付规定的款项。

3. 票据的功能

(1) 支付功能。票据可以充当支付工具，代替现金使用。对于当事人来说，用票据可以消除现金携带的不方便，克服点钞的麻烦，节省计算现金的时间。

(2) 汇兑功能。票据可以代替货币在不同的地方之间运送，方便异地之间的支付。

(3) 信用功能。票据当事人可以凭借自己的信誉，将未来才能获得的金钱作为现在的金钱来使用。

(4) 结算功能。进行债权债务的清算，完成债务抵消功能。

(5) 融资功能。通过票据的贴现、转贴现和再贴现完成资金的融通或调度。

(二) 票据的当事人

票据的当事人是指票据关系中享有票据权利、承担票据义务的当事人。即参与者，分为基本当事人和非基本当事人。

基本当事人：票据作成和交付时就存在的当事人，即出票人、付款人、收款人，如图 2-3 所示。

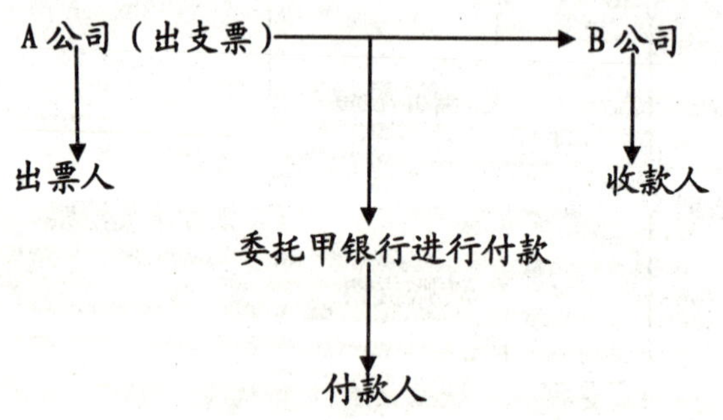

图 2-3 支票支出流程

非基本当事人：承兑人、保证人、背书人、被背书人，如图 2-4 所示。

【思考题 2-29】 票据的基本当事人有(　　)。

A. 出票人　　B. 付款人

C. 担保人　　D. 收款人

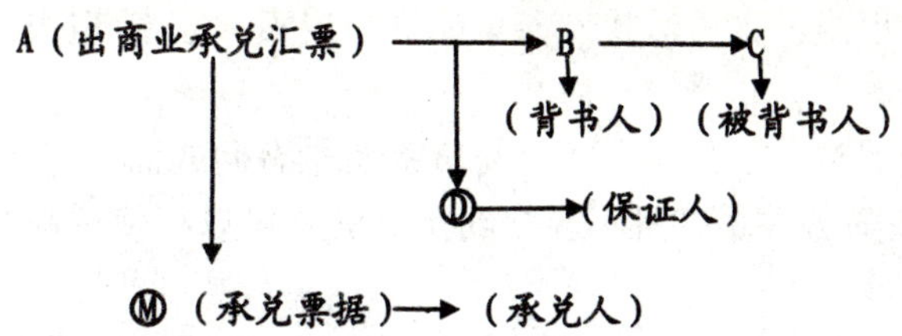

图 2-4 商业承兑汇票支出流程

【思考题 2-30】 接受汇票出票人的付款委托同意承担支付票款义务的人是指(　　)。

A. 被背书人　　B. 背书人

C. 承兑人　　D. 保证人

(三) 票据的权利和义务

1. 票据权利

持票人向票据债务人请求支付票据金额的权利，包括付款请求权和追索权，其中付款请求权为第一顺序权利，当被拒绝时方可使用第二顺序权利追索权。

2. 票据义务

票据义务包括付款义务和偿还义务。

(1) 票据权利的时效。即一定时期内不用，票据权利消灭。

1) 持票人对票据的出票人和承兑人的权利，自票据到期日起 2 年；

2) 见票即付的汇票、本票，自出票日起 2 年；

3) 持票人对支票出票人的权利，自出票日起 6 个月；

4) 持票人对前手的追索权，自被拒绝之日起 6 个月，再追索权是 3 个月。

(2) 追索权行使条件。汇票被拒绝承兑或付款的；承兑人或付款人死亡、逃匿；承兑人或付款人被宣告破产或被责令终止营业的。

(3) 票据权利的抗辩。下列条件下可行使抗辩权：与票据债务人有直接债权债务关系并且不履行约定义务的；以欺诈、偷盗或胁迫等非法手段取得票据，或明知有前列情形，出于恶意取得票据的；明知票据债务人与出票人或持票人前手之间存在抗辩事由而取得票据的；因重大过失取得票据的；其他依法不得享有票据权利的。

【案例分析 2-3】

光大公司向广汇公司购货，开出一张面额 20 万元的商业承兑汇票，广汇因与宏鑫集团发生业务往来将该承业承兑汇票转让给了宏鑫集团。该汇款因宏鑫集团出纳疏忽丢失后被丰源公司捡到，丰源公司伪造宏鑫集团的签章后，又将其转让给了华阳集团。

请分析：

(1) 若该商业承兑汇票到期，华阳集团提示付款，光大公司能否以广汇公司货物质量不合格而拒付？

(2) 若华阳集团又转让给了广汇公司，光大公司能否以广汇公司货物质量不合格而拒付？

(3) 若华阳集团被拒绝付款后，找宏鑫集团进行追索，宏鑫集团能否拒绝付款？

【分析与提示】

(1) 光大公司不能因与广汇公司之间交易货物质量有问题而拒绝向华阳集团付款。因为与票据债务人有直接债权债务关系并且不履行约定义务的可以行使抗辩权，而华阳集团没有直接与光大公司发生业务往来。

(2) 若华阳集团又将票据转让给了广汇公司，则光大集团可以因广汇公司的供货有质量问题而拒绝付款。

(3) 宏鑫集团能够拒绝付款。因为以欺诈、偷盗或胁迫等非法手段取得票据可以行使抗辩权，本案中宏鑫集团并未实际发生票据转让，因此可以拒绝向华阳集团付款。

（四）票据行为

票据行为是指票据当事人以发生票据债务为目的、以在票据上签名或盖章为权利与义务成立要件的法律行为。其主要包括出票、背书、承兑、保证。

1．出票

出票是指出票人签发票据并将其交付给收款人的票据行为。

2．背书

背书是指收款人或者持票人为将票据权利转让给他人或者将一定的票据权利授权于他人行使而在背面或者粘贴单上记载有关事项并签章的行为。背书行为中有以下特殊之处：

(1) 背书应当连续，不连续的背书视为无效背书。

(2) 背书未记载日期视为到期日前背书，不影响背书效力。未记载被背书人名称的，由被背书人自行填写，不影响背书效力。

(3) 背书不得附有条件，附条件背书，条件无效，背书行为有效，除“不得转让”条件有效。

【案例分析 2-4】

若A公司开出一张转账支票给B公司，B公司因与C公司发生业务往来将该支票背书转让给了C公司，在背书栏中注明“不得转让”，分析“不得转让”字样是否有效？C公司若又转让给了D公司,D公司在向A公司的开户行进行提示付款被拒绝时,还能向谁进行追索？

【分析与提示】

“不得转让”字样有效。D公司在被A的开户行拒绝付款时，可以向C公司进行追索，但不得向B公司进行追索。

(4) 不得多头背书或部分背书，多头或部分背书无效。

【案例分析 2-5】

甲公司与乙公司发生买卖行为，甲公司开出一张票面额为40万的银行承兑汇票给乙公司，后乙公司与丙公司和丁公司发生业务往来，将40万的银行承兑汇票同时背书给丙、丁两公司，背书额度各为20万，是否合法？若仅与丙公司发生业务往来，涉及金额20万，能否将此银行承兑汇票背书给丙？

【分析与提示】

向丙、丁两公司各背书20万不合法，仅向丙公司背书20万也不合法，因为《中华人民共和国票据法》(以下简称《票据法》)规定多头和部分背书行为无效。

(5) 背书分为转让背书和非转让背书，分别有委托收款和质押背书，两种背书行为有效。

3．承兑

承兑是指汇票付款人承诺在汇票到期日支付汇票金额并签章的行为。承兑仅适用于商业汇票，支票与本票、银行汇票不需要承兑。承兑不得附有条件，附条件的承兑视为拒绝承兑。

4．保证

保证是指票据债务人以外的人，为担保特定债务人履行票据债务而在票据上记载有关事项并签章的行为。保证人对合法取得票据的持票人所享有的票据权利承担保证责任。票据到期后得不到付款的，持票人有权向保证人请求付款，保证人清偿票据债务后，可以行使持票人对被保证人以及前手的追索权。

保证的绝对记载事项包括保证的签章和保证的文句，保证不得附有条件，附条件的条件无效，不影响保证效力。

【思考题2-31】下列属于票据行为的有(　　)。

A. 出票　　　　B. 保证

C. 付款　　　　D. 背书

【案例分析2-6】

甲向乙购货，以一张丙为出票人的商业汇票支付货款，乙要求甲提供担保，甲找丁作保，丁在汇票背书栏中写“该汇票出票真实，本公司愿意保证”，后经了解丙并不存在，问丁对汇票是否承担票据责任。

【分析与提示】

丁应对票据承担责任，因为保证不得附有条件，附条件的条件无效，不影响保证效力。

(五) 票据签章

签章是票据行为生效的重要条件，是指票据有关当事人在票据上签名、盖章或者签名并盖章的行为。票据的签章是必须记载事项。缺少当事人签章，该项票据行为无效。一般来讲，出票人签章不合法，则票据无效；其他人签章不合法，该章无效，但不影响其他人的签章。

(六) 票据记载事项

票据的记载事项是指依法在票据上记载票据相关内容的行为。票据的记载事项一般分为绝对记载、相对记载、任意记载事项和不产生票据法上效力的记载事项等。

绝对记载事项必须记载，若未记载则票据无效；

相对记载事项应记而未记不影响效力，可适用法律有关规定，如未记载付款日期的，视为见票即付。背书未记载日期的，视为到期日前背书。

任意事项不记载不影响票据效力，记载时则产生票据效力，若有“不得转让”字样记载，则不得转让。

不产生票据法效力的记载事项，是指除上述三项以外的其他记载事项，写了没有任何作用。

（七）票据丧失的补救

票据的权力与票据是紧密相连的，当票据丢失时可以采取挂失止付、公示催告、普通诉讼三种方式进行补救。

(1) 挂失止付，是指失票人将丧失票据的情况通知付款人或代理付款人，并由接受通知的付款人或代理付款人审查后暂时停止支付的一种方式。《票据法》中规定只有确定付款人或代理付款人的票据丧失时，才能挂失止付。包括已承兑的商业汇票、支票，填明“现金”字样的银行本票和银行汇票。

挂失止付不是必经措施，只是暂时防范措施。最终要通过后两种途径补救权利。

(2) 公示催告，是指在票据丧失后，由失票人向票据支付地法院申请，以公告方式通过不确定的利害关系人限期申报权利，逾期未申报者，则权利失效，而由人民法院通过除权判决宣告所丧失的票据无效的一种制度或程序。可挂失止付后 3 天内或票据丧失后立即向法院请求。

(3) 普通诉讼，是指以承兑人或出票人为被告，请求人民法院判决其向失票人付款的诉讼活动。

【思考题 2-32】 不得挂失止付的票据有(　　)。

A. 已承兑的商业汇票　　B. 支票

C. 未填明“现金”字样的银行本票　　D. 未填明代理付款人的银行汇票

二、支票

（一）支票的概念

支票是指由出票人签发的、委托办理支票存款业务的银行在见票时无条件支付确定的金额给收款人或持票人的票据。适用于在同一票据交换区域需要支付各种款项的单位和个人，如图 2-5 所示。

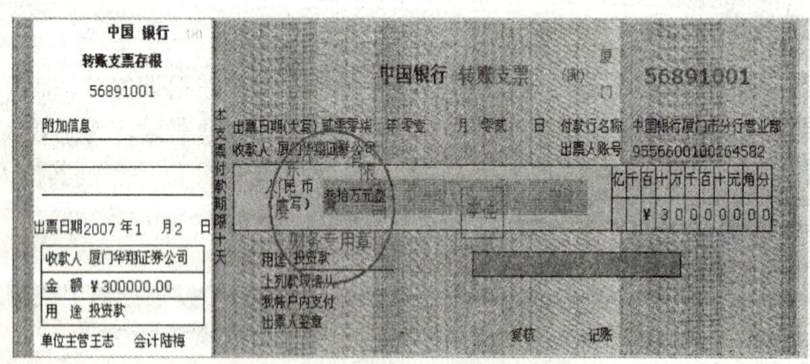
中国 银行
转账支票存根
56891001
附加信息
出票日期2007 年1 月2 日
收款人 厦门华翔证券公司
金 额 ¥300000.00
用 途 投资款
单位主管王志 会计陆梅

中国银行 转账支票 厦门 56891001
本支票付款期限十天
出票日期(大写) 贰零零柒 年零壹 月 零贰 日 付款行名称 中国银行厦门市分行营业部
收款人 厦门华翔证券公司 出票人账号 9556600100264582
人民币（大写） 叁拾万元整
亿 千 百 十 万 千 百 十 元 角 分
¥ 3 0 0 0 0 0 0 0
用途 投资款
上列款项请从
我帐户内支付
出票人签章
复核 记账

图 2-5 支票

（二）支票的种类

支票分为现金支票、转账支票和普通支票。现金支票只能用于支取现金；转账支票只能用于转账；普通支票可以用于支取现金，也可用于转账。在普通支票左上角划两条平行线的，为划线支票，划线支票只能用于转账，不能支取现金。

【思考题 2-33】普通支票中的划线支票(　　)。

A．只能用于支取现金　　B．只能用于转账，不得支取现金

C．既可以转账也可以支取现金　　D．表明为作废支票

【思考题 2-34】根据《票据法》的规定，下列各项中，可以支取现金的支票有(　　)。

A．现金支票　　B．转账支票

C．普通支票　　D．划线支票

(三) 支票的出票

(1) 支票的出票人是单位和个人，支票的付款人为支票上记载的出票人开户银行。支票的付款地为付款人所在地。

(2) 支票绝对记载事项包括：表明“支票”的字样；无条件支付的委托；确定的金额；付款人名称；出票日期；出票人签章。欠缺记载任何一项的，支票都为无效。支票的金额、收款人名称，可以由出票人授权补记，未补记前不得背书转让。

(3) 支票在其票据交换区域内可以背书转让，但用于支取现金的支票不能背书转让。

【思考 2-35(判断)】支票的金额、收款人名称，可由出票人授权补记，未补记前不得背书转让和提示付款。(　　)

(四) 支票的付款

支票的提示付款期限为自出票日起 10 日内，超过提示付款期限提示付款的，持票人开户银行不予受理，付款人不予付款。

出票人在付款人处的存款足以支付支票金额时，付款人应当在见票当日足额付款。

(五) 支票的办理要求

1．签发支票的要求

(1) 签发支票应使用碳素墨水填写。

(2) 签发现金支票和用于支取现金的普通支票必须符合国家现金管理的规定。

(3) 支票的出票人签发支票的金额不得超过付款时在付款人处实有的金额。禁止签发空头支票。

(4) 支票的出票人在祟据上的签章，应为其预留银行的签章，该签章是银行审核支票付款的依据。银行也可以与出票人约定使用支付密码，作为银行审核支付支票金额的条件。

(5) 出票人不得签发与其预留银行签章不符的支票；使用支付密码的，出票人不得签发支付密码错误的支票。

(6) 出票人签发空头支票、签章与预留银行签章不符的支票，使用支付密码的地区，支付密码错误的支票，银行应予以退票，并按票面金额处以 5%但不低于 1 000 的罚款；持票人有权要求出票人赔偿支票金额 2%的赔偿金。对屡次签发的，银行应停止其签发支票。

【思考 2-36】甲公司委托开户银行收款时，发现其持有的由乙公司签发金额为 10 万元的

转账支票为空头支票，其账户余额只有 8 万元。根据《支付结算办法》的规定，甲公司有权要求乙公司支付赔偿金的数额是(　　)。

A. 5 000 元　　B. 3 000 元

C. 2 000 元　　D. 1 000 元

2. 兑付支票的要求

(1) 持票人可以委托开户银行收款或直接向付款人提示付款。用于支取现金的支票仅限于收款人向付款人提示付款。

(2) 持票人持用于转账的支票向付款人提示付款时，应在支票背面背书人签章栏签章，并将支票和填制的进账单送交出票人开户银行。

(3) 收款人持用于支取现金的支票向付款人提示付款时，应在支票背面“收款人签章”处签章，持票人为个人的，还需交验本人的身份证件，并在支票背面注明证件名称、证件号码以及发证机关等。

三、商业汇票

(一) 商业汇票的概念和种类

1. 商业汇票

商业汇票是指收款人或付款人(或承兑申请人)签发，由承兑人承兑，并于到期日向收款人或被背书人支付款项的票据。适用于在银行开立存款账户的法人以及其他组织之间，个人不适用。必须具有真实的交易关系或债权债务关系，才能使用商业汇票。

商业汇票的收款人、付款人或承兑申请人一般指供货或购货单位。商业汇票的付款人为承兑人，其付款地为承兑人所在地。

【案例分析 2-7】

2013 年 7 月 5 日，某建筑公司接受了本市某水泥厂转让的一张银行承兑汇票，金额为 2 万元。该建筑公司因与自然人王某发生债权债务关系，随即将汇票转让给了王某。

试分析该案例是否合法。

【分析与提示】

不合法，因为商业汇票只允许组织之间使用，不允许个人使用。

2. 商业汇票的种类

商业汇票按承兑人的不同，可以分为商业承兑汇票和银行承兑汇票两种。

(1) 商业承兑汇票，是指由收款人或付款人签发，经付款人承兑的汇票，如图 2-6 所示。

(2) 银行承兑汇票，是指收款人或承兑申请人签发，并由承兑申请人向开户银行提出申请，经银行审查同意承兑的汇票，如图 2-7 所示。

(二) 商业汇票的出票

出票人不得签发无对价的商业汇票用以骗取银行或其他票据当事人的资金。

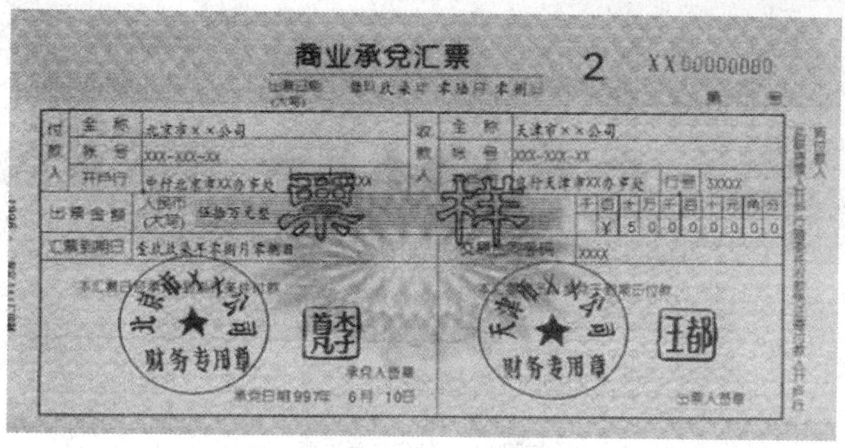

商业承兑汇票　2　XX00000080

付款人　全称　北京市××公司
账号　XXX-XXX-XX
开户行　中行北京市XX办事处

收款人　全称　天津市××公司
账号　XXX-XXX-XX
开户行　农行天津市XX办事处　行号　3XXXX

出票金额　人民币（大写）　伍拾万元整　¥500000000

票样

北京市××公司　财务专用章
天津市××公司　财务专用章
承兑人签章
承兑日期1997年　6月　10日
出票人签章

（a）

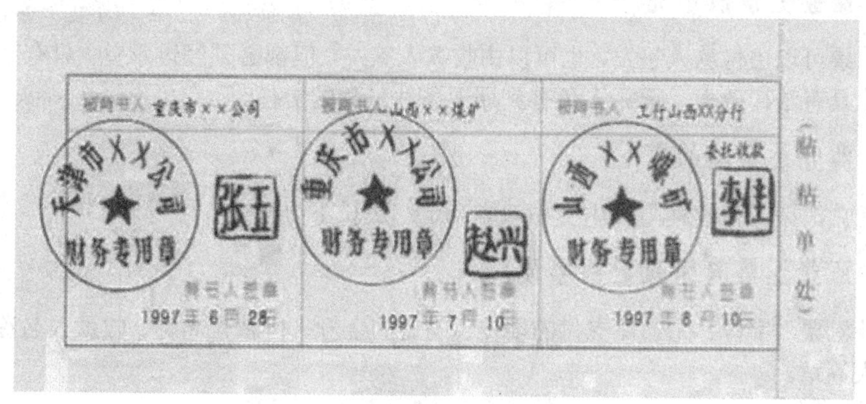

被背书人　重庆市××公司
天津市××公司　财务专用章　张玉
背书人签章
1997年6月28日

被背书人　山西××煤矿
重庆市××公司　财务专用章　赵兴
背书人签章
1997年7月10日

被背书人　工行山西XX分行
委托收款
山西××煤矿　财务专用章　李维
背书人签章
1997年8月10日

（粘贴单处）

（b）

图 2-6　商业承兑汇票

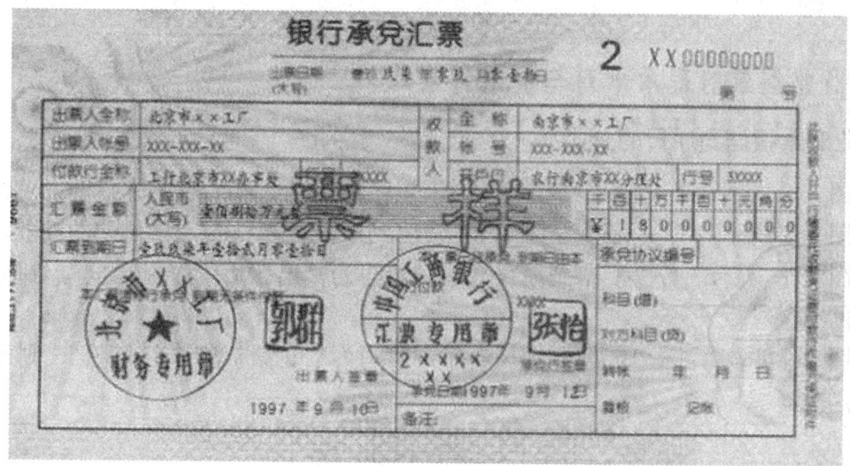

银行承兑汇票　2　XX00000000

出票人全称　北京市××工厂
出票人账号　XXX-XXX-XX
付款行全称　工行北京市XX办事处　XXXX

收款人　全称　南京市××工厂
账号　XXX-XXX-XX
开户行　农行南京市XX分理处　行号　3XXXX

汇票金额　人民币（大写）　¥1800000000

票样

承兑协议编号
科目（借）
对方科目（贷）
转账　年　月　日
复核　记账

北京市××工厂　财务专用章　郭群
出票人签章
1997年9月10日

中国工商银行　汇票专用章　2××××　××　张怡
承兑日期1997年　9月　12日
备注：

（a）

图 2-7　银行承兑汇票

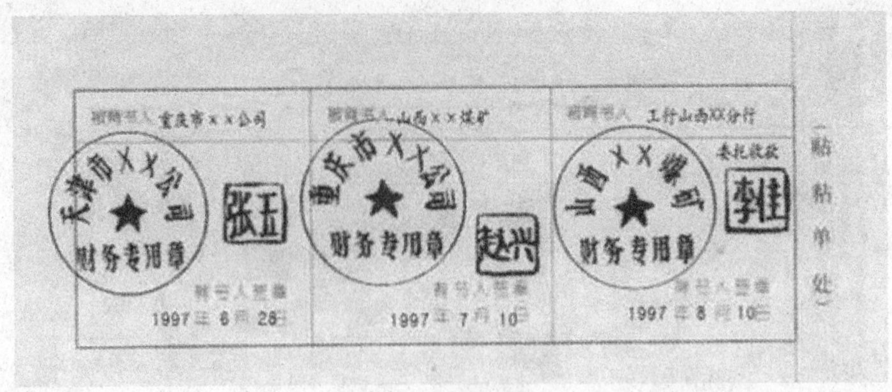
被背书人 重庆市××公司	被背书人 山西××煤矿	被背书人 工行山西XX分行
天津市××公司 财务专用章 张五	重庆市××公司 财务专用章 赵兴	山西××煤矿 财务专用章 委托收款 李佳
背书人签章 1997年6月28日	背书人签章 1997年7月10日	背书人签章 1997年8月10日

（粘贴单处）

（b）

续图 2-7　银行承兑汇票

（三）商业汇票的承兑

商业汇票可以由付款人签发，也可以由收款人签发，但都必须经过承兑。只有经过承兑的商业汇票才具有法律效力，承兑人负有到期无条件付款的责任。

（四）商业汇票的付款

商业承兑汇票的付款期限，由交易双方商定，最长不得超过 6 个月。

（五）商业汇票的绝对记载事项

“商业汇票”字样、无条件支付的委托、确定的金额、付款人名称、收款人名称、出票日期及出票人签章。

（六）银行承兑汇票

出票人于汇票到期日未能足额交存票款的，银行除凭票向持票人无条件付款外，对出票人尚未支付的汇票金额按照每天万分之五计收利息。

（七）商业汇票的提示承对与提示付款

1．商业汇票根据到期日的分类

(1) 如图 2-8 所示，若“汇票到期日”栏未填写日期，则称为见票即付的商业汇票。

(2) 如图 2-8 所示，若“汇票到期日”栏写明到期日，则称为定日付款的商业汇票。

(3) 如图 2-8 所示，若“汇票到期日”栏中若写为“出票后壹个月付款”，则称为出票后定期付款的票据。

(4) 如图 2-8 所示，若“汇票到期日”栏中若写为“见票后壹个月付款”，则成为见票后定期付款的票据。

2．提示承兑

提示承兑是指持票人向付款人出示汇票，并要求付款人承诺付款的行为。付款人接到提示承兑的汇票时，应签发收到汇票的回单，记明汇票提示承兑日期并签章。付款人应自收到汇票

之日起 3 天内承兑或拒绝承兑。拒绝承兑时，付款人应无条件承兑商业汇票，承兑附有条件的，视为拒绝承兑。必须出拒绝承兑的证明。承兑时应记载“承兑”字样和承兑日期并签章。

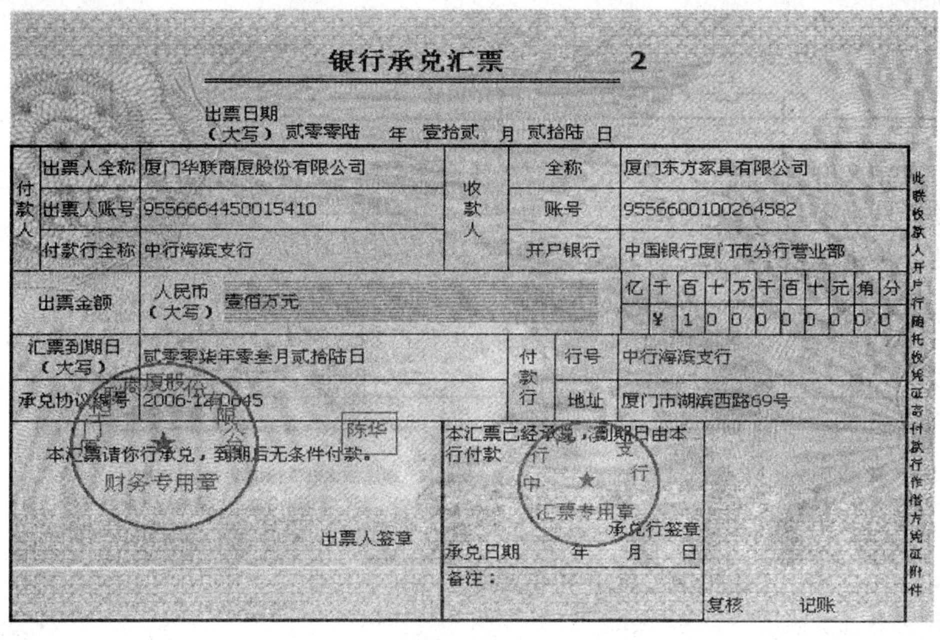

银行承兑汇票　2

出票日期（大写）贰零零陆 年 壹拾贰 月 贰拾陆 日

付款人	出票人全称	厦门华联商厦股份有限公司	收款人	全称	厦门东方家具有限公司
	出票人账号	9556664450015410		账号	9556600100264582
	付款行全称	中行海滨支行		开户银行	中国银行厦门市分行营业部

出票金额	人民币（大写）壹佰万元	亿	千	百	十	万	千	百	十	元	角	分
			¥	1	0	0	0	0	0	0	0	0

汇票到期日（大写）	贰零零柒年零叁月贰拾陆日	付款行	行号	中行海滨支行
承兑协议编号	2006-120645		地址	厦门市湖滨西路69号

本汇票请你行承兑，到期后无条件付款。

陈华

财务专用章

出票人签章

本汇票已经承兑，到期日由本行付款

汇票专用章

承兑行签章

承兑日期　年　月　日

备注：

复核　记账

此联收款人开户行随托收凭证寄付款行作借方凭证附件

图　2-8

3．提示付款

提示付款是指持票人依据票据支付票据金额，以消灭票据关系的行为。未按规定期限提示付款，在做出说明后，承兑人或付款人仍应继续对持票人承担付款责任。商业汇票的付款期限，最长不得超过 6 个月。

4．商业汇票的提示承兑与提示付款期限，如表 2-2 所示

表　2-2

<table>
<tr><th colspan="2">票据种类</th><th>提示承兑期限</th><th>提示付款期限</th></tr>
<tr><td rowspan="4">商业汇票</td><td>见票即付</td><td>无需提示承兑</td><td>出票日起一个月</td></tr>
<tr><td>定日付款</td><td rowspan="2">到期日前提示承兑</td><td rowspan="3">到期日起 10 天</td></tr>
<tr><td>出票后定期付款</td></tr>
<tr><td>见票后定期付款</td><td>出票日起一个月</td></tr>
<tr><td>支票</td><td>见票即付</td><td>无需提示承兑</td><td>出票日起 10 天</td></tr>
</table>

【案例分析 2-8】

A，B 公司于 2013 年 3 月 20 日签订买卖合同，根据合同约定，B 公司于 3 月 25 日发出 100 万元的货物，A 公司将一张出票日期为 4 月 1 日、金额为 100 万元、见票后 3 个月付款的银行承兑汇票交给 B 公司。4 月 20 日，B 公司向承兑人甲银行提示承兑，承兑日期为 4 月 20 日。5 月 10 日，B 公司在与 C 公司的买卖合同中，将该汇票背书转让给 C 公司。5 月 20 日，

C公司在与D公司的买卖合同中，将其背书给D公司。2013年7月25日，持票人D公司向甲银行提示付款时，甲银行以A公司未能足额交存票款为由，拒绝付款，并于当日签发拒绝证明。

要求：根据票据法的规定，回答以下问题。

(1) B公司应当在什么时间之前向甲银行提示承兑？并说明理由。

(2) 持票人D应在什么时间之前向甲银行提示付款？并说明理由。

(3) 甲银行拒绝付款的理由是否成立？并说明现由。

【分析与提示】

(1) B公司应在5月1日之前向甲银行提示承兑。

(2) 持票人D应在8月30日之前向甲银行提示付款。

(3) 甲银行拒绝付款的理由不成立。因为AB公司签发的是银行承兑汇票，出票人于汇票到期日未能足额交存票款的，银行除凭票向持票人无条件付款外，对出票人尚未支付的汇票金额按照每天万分之五计收利息。

（八）商业汇票贴现

商业汇票贴现是指票据持票人在票据未到期前为获得现金向银行贴付一定利息而发生的票据转让行为。通过贴现，贴现银行获得票据权利。贴现利息的计算：从其贴现之日起至到期日止，实付贴现金额按票面金额扣除贴现日至汇票到期前1日的利息计算。承兑人在异地的，贴现的期限以及贴现利息的计算应另加3天的划款日期。

四、信用卡

（一）信用卡的概念和种类

信用卡(见图2-9)是指商业银行向个人和单位发行的，凭以向特约单位购物、消费和向银行存取现金，且具有消费信用的特制载体卡片。

图2-9 信用卡

按是否向发卡银行交存备用金可分为贷记卡和准贷记卡两类。

(1) 贷记卡——先消费后还款，享有一定的免息期，但存款无息。

(2) 准贷记卡——持卡人须先按发卡银行要求交存一定金额的备用金，当备用金账户余额不足支付时，可在发卡银行规定的信用额度内透支的信用卡。准贷记卡存款有息，在规定的有限信用额度内透支消费、取现，收取一定的利息，但不存在一定的免息还款期。

（二）信用卡的申领与销户

1. 信用卡的申领

凡在中国境内金融机构开立基本存款账户的单位，可凭中国人民银行合法的开户许可证申领单位卡。单位申领信用卡要求交存一定金额的备用金。单位卡可以申领若干张。凡具有完全民事行事能力的公民可申领个人卡。个人卡的主卡持卡人可为其配偶及年满 18 周岁的亲属申领附属卡，申领的附属卡最多不超过两张。

2. 信用卡的使用

(1) 持卡人可持信用卡在特约单位购物、消费。单位卡账户的资金一律从其基本存款账户转账存入，不得交存现金，不得将销货收入的款项存入其账户。信用卡仅限于合法持卡人本人使用，持卡人不得出租或转借信用卡。单位卡不得用于 10 万元以上的商品交易、劳务供应款项的结算，并一律不得支取现金。如果需要向其账户续存资金的，单位卡的持卡人必须按前述转账方式转账存入。

(2) 特约单位不得拒绝受理持卡人合法持有的、签约银行发卡行的有效信用卡，不得因持卡人使用信用卡而向其收取附加费用。

(3) 发卡行对贷记卡的取现应当每笔授权，每卡每日累计取现不得超过规定金额。

(4) 同一持卡人单笔透支发生额，单位卡不得超过 5 万元人民币，个人卡不得超过 2 万元人民币。此外，单位卡不得超过发卡行对该单位综合授信额度的 3%；无综合授信额度可参照的单位，其月透支余额不得超过 10 万元人民币。

(5) 准贷记卡的透支期限最长为 60 天。贷记卡的首月最低还款额不得低于其当月透支余额的 10%。

(6) 持卡人使用信用卡不得发生恶意透支。

(7) 发卡行对于贷记卡中的存款不计付利息。贷记卡持卡人非现金交易享受如下优惠条件：

1) 免息还款期。银行记账日至发卡行规定的到期日之间为免息还款期。免息还款期最长为 60 天。持卡人在到期还款日前偿还所使用全部银行款项即可享受免息还款期待遇，无需支付非现金交易的利息。

2) 最低还款额待遇。持卡人还可选择按照发卡行规定的最低还款额待遇。贷记卡持卡人选择最低还款额方式或超过其信用额度用卡时，不再享受免息还款期待遇，应当支付为偿还部分自银行记账日起、按规定利率计算的透支利息。

贷记卡持卡人支取现金、准贷记卡透支，不享受上述免息还款期和最低还款额待遇。

发卡行对贷记卡持卡人未偿还最低还款额和超信用额度用卡的行为，应当分别按最低还款额未还款部分、超过信用额度部分的 5%收取滞纳金和超限费。

贷记卡透支按月计收单利，透支利率为日利率万分之五，并根据中国人民银行的此项利率调整而调整。

(8) 商业银行办理信用卡收单业务应当按照下列标准向商户收取结算手续费：宾馆、餐饮、娱乐、旅游等行业不得低于交易金额的 2%，其他行业不得低于交易金额的 1%。

3. 销户

持卡人在还清信用卡的全部交易款项、透支本息和有关费用后，属于下列情形之一的，可申请办理销户：

(1) 信用卡有效期满 45 天后，持卡人不更换新卡的；

(2) 信用卡挂失满 45 天后，没有附属卡又不更换新卡的；

(3) 信用卡被列入止付名单，发卡银行已经收回其信用卡 45 天的；

(4) 持卡人死亡，发卡银行已收回信用卡 45 天的；

(5) 持卡人要求销户或担保人撤销担保，并已交回全部信用卡 45 天的；

(6) 信用卡账户 2 年(含)以上未发生交易的；

(7) 持卡人违反其他规定，发卡银行认为应该取消资格的。

(8) 发卡银行办理销户，应当收回信用卡。有效信用卡无法收回的，应当将其止付。

(三) 信用卡的资金来源

(1) 单位卡账户的资金一律从其基本存款账户转账存入，不得交存现金，不得将销货收入的款项存入其账户。

(2) 个人人民币账户的资金以其个人持有的现金存入或以其工资性款项、属于个人的合法劳务报酬、投资回报等收入转账存入。严禁将单位的款项转入个人卡账户存储。

(四) 信用卡使用的主要规定

按照中国人民银行 1992 年 12 月颁布的《信用卡业务管理办法》及各银行的具体规定。

(1) 发卡银行对于约定商店拒绝接受信用卡不负责任。

(2) 信用卡若丢失或被窃，应立即向发卡银行申请挂失，在挂失生效前被非法使用的款项仍由本人负责。

(3) 信用卡只限于合法持卡人本人使用，不得转让或转借。持卡人对凭信用卡而发生的付款应负完全责任。

(4) 信用卡使用有一定期限，有效期满如需继续使用应办理更换新卡手续。

(5) 银行信用卡备用金按照中国人民银行制定的活期存款利率计付利息。

(6) 信用卡允许小额善意透支，透支额度公司卡为 5 000 元，个人普通卡为 1 000 元。《信用卡业务管理办法》规定：自签单日或银行记账日起 15 日内按日息万分之五计算，超过 15 日按日息万分之十计算，超过 30 日或透支金额超过规定限额的，按日息万分之十五计算。透支计息不分段，按最后期限或最高透支额的最高利率档次计息。各银行对于其发行的信用卡都有自己的规定。

【思考题 2-37(判断)】单位人民币卡不得透支，但可以支取现金。 (　　)

五、汇兑

(一) 汇兑的概念和分类

1. 概念

汇兑是指汇款人委托银行将其款项支付给收款人的结算方式。同城、异地均可，单位、个人均可，适用范围十分广泛。

2．分类

汇兑分为信汇(邮寄方式)和电汇(电报方式)两种。汇入人可以根据实际需要选择。

（二）办理汇兑的程序

(1) 汇款人按要求签发汇兑凭证。

(2) 汇出银行受理汇兑凭证。

(3) 汇入银行接收汇出银行的汇兑凭证之后，审查无误后，办理付款手续。

（三）汇兑的撤销和退汇

(1) 汇兑的撤销。汇出银行尚未汇出，转汇银行不得受理汇款人或汇出银行对汇款的撤销。

(2) 汇兑的退汇。对汇出银行已经汇出的款项申请退回汇款。

如果汇款人与收款人不能达成一致退汇的意见，不能办理退汇。转汇银行不得受理汇款人或汇出银行对汇款的退汇。汇入银行对于收款人拒绝接受的汇款，应立即办理退汇。汇入银行对于向收款人发出取款通知，经过 2 个月无法交付的汇款应主动办理退汇。

习　　题

一、单项选择题

1．甲公司销售给乙公司一批货物。甲公司按合同约定按期交货，乙公司签发一张金额为 30 万元的转账支票，交给甲公司。甲公司到银行提示付款时，发现该支票是空头支票。根据《票据法》及其实施办法的规定，中国人民银行有权对乙公司处以罚款，甲公司有权要求乙公司给予经济赔偿。就乙公司签发该空头支票的行为，甲公司有权要求赔偿的最高金额应当是(　　)万元。

A．0.06　　B．0.15

C．0.6　　D．1.5

2．某出票人于 10 月 20 日签发一张现金支票。根据《支付结算办法》的规定，对该支票“出票日期”中“月”“日”的下列填法中，符合规定的是(　　)。

A．拾月贰拾日　　B．零拾月零贰拾日

C．壹拾月贰拾日　　D．零壹拾月零贰拾日

4．根据《银行账户管理办法》的规定，企业支取现金用于工资、奖金发放，只能通过规定的银行账户办理，该银行账户是(　　)。

A．一般存款账户　　B．基本存款账户

C．临时存款账户　　D．专用存款账户

5．《支付结算办法》对商业汇票的最长付款期限有明确的规定。该期限是(　　)。

A．1个月　　B．3个月
C．6个月　　D．9个月

6．票据的基本当事人为(　　)。
A．出票人　　B．承兑人
C．背书人　　D．保证人

7．《票据法》规定的票据行为，不包括(　　)。
A．出票　　B．付款
C．承兑　　D．背书

8．提示付款期限为自出票日起10日的票据是(　　)。
A．银行汇票　　B．支票
C．银行本票　　D．商业承兑汇票

9．票据的金额和收款人名称可由出票人授权补记的为(　　)。
A．银行汇票　　B．商业汇票
C．银行本票　　D．支票

10．下列关于汇兑的特征的表述中，不符合法律规定的是(　　)。
A．单位和个人各种款项的结算，均可使用汇兑结算方式
B．汇款回单作为该笔汇款已转入收款人账户的证明
C．汇款人对汇出银行尚未汇出的款项可以申请撤销
D．汇入银行对于收款人拒绝接受的汇款，应立即办理退汇

二、多项选择题

1．以下叙述中，正确的包括(　　)。
A．票据是出票人依法签发的有价证券
B．票据金额应由出票人自己支付或委托付款人支付
C．票据行为只包括出票、背书和承兑
D．票据签章是票据行为生效的重要条件

2．下列属于办理支付结算基本要求的有(　　)。
A．单位、个人和银行办理支付结算必须使用按中国人民银行统一规定印制的票据和结算凭证
B．单位、个人和银行应当按照《银行账户管理办法》的规定开立、使用账户
C．票据和结算凭证上的签章和其他记载事项应当真实，不得伪造、变造
D．大写金额数字应用正楷或行书填写，不得自造简化字

3．根据我国《支付结算办法》的规定，单位、个人和银行在票据上签章时，必须按照规定进行。下列签章有效的有(　　)。
A．单位在票据上使用该单位的公章加其授权的代理人的签名
B．个人在票据上使用与其身份证件不一致的签名
C．支票的出票人在票据上使用其预留银行的签章
D．银行汇票的出票人在票据上只能使用经中国人民银行批准使用的该银行汇票专用章加

其法定代表人的签章

4．根据《支付结算办法》的规定，签发票据和结算凭证时不得更改的项目有(　　)。

A．出票或签发日期　　B．收款人名称

C．金额　　D．用途

5．我国票据法上所述的票据包括(　　)。

A．汇票　　B．债券

C．支票　　D．本票

6．存款人违反规定，伪造、变造开户登记证，对于其处罚，下列表述正确的有(　　)。

A．非经营性的存款人，处以 1 000 元罚款

B．经营性的存款人，给予警告并处以 1 万元以上 3 万元以下的罚款

C．非经营性的存款人，给予警告并处以 1 万元以上 3 万元以下的罚款

D．构成犯罪的，移交司法机关依法追究刑事责任

7．银行结算账户按用途不同分为(　　)。

A．基本存款账户　　B．一般存款账户

C．专用存款账户　　D．临时存款账户

8．下列事项中，单位开户银行可以使用现金的有(　　)。

A．发给公司甲某的 800 元奖金

B．支付给公司临时工王某的 2 000 元劳务报酬

C．向农民收购农产品的 1 万元收购款

D．出差必须随身携带的 2 000 元差旅费

9．下列各项中，属于无效背书的是(　　)。

A．将汇票金额的一部分转让　　B．将汇票金额分别转让给甲、乙二人

C．在背书时附条件　　D．没有记载背书日期的背书

10．法定禁止背书的情形有(　　)。

A．被拒绝付款的汇票　　B．被拒绝承兑的汇票

C．记载“委托收款”字样的汇票　　D．超过提示付款期限的汇票

三、判断题

1．票据金额的中文大写记载与阿拉伯数字记载有差异时，应以中文大写记载的金额为准。(　　)

2．为了便于结算，一个单位可以同时在几家金融机构开立银行基本存款账户。(　　)

3．法人和其他单位在票据和结算凭证上的签章，为该法人或单位的公章或财务专用章，加上其法定代表人或者其授权的代理人的签名或盖章。(　　)

4．注明“现金”字样的银行本票不得背书转让。(　　)

5．票据和结算凭证的金额，出票或者签发日期、收款人名称不得更改，更改的票据无效；更改的结算凭证，银行不予受理。(　　)

6．银行应当依法为存款人保密，不得代任何单位和个人查询、冻结、扣划存款人账户内的存款。(　　)

7．票据出票日期写了的，银行可以予受理但由此造成的损失由出票人自行承担。 （ ）

8．银行汇票的实际结算金额不得更改，更改实际结算金额的银行汇票无效。 （ ）

9．汇票上未记载付款日期的，为见票即付。 （ ）

10．商业汇票的提示付款期限，自汇票出票日起 10 日。 （ ）

四、案例分析

1．振辉机械厂财务部 8 月 15 日开出两张票据：一张为面额 10 000 元的支票，用于向甲宾馆支付会议费；另一张为面额 200 000 元的银行承兑汇票，到期日为 9 月 5 日，用于向乙公司支付材料款，该汇票已经银行承兑。8 月 20 日，甲宾馆向银行提示付款。银行发现该支票为空头支票，遂予以退票，并对振辉机械厂处以 1 000 元罚款。甲宾馆要求振辉机械厂除支付其 10 000 元会议费外，还另需支付其 2 000 元赔偿金。9 月 5 日，乙公司向银行提示付款时，得知振辉机械厂的账户余额不足 200 000 元。

要求：根据支付结算法的有关规定，回答下列问题。

(1) 银行对振辉机械厂签发空头支票处以 1 000 元罚款是否符合法律规定?简要说明理由。

(2) 甲宾馆能否以振辉机械厂签发空头支票为由要求其支付 2 000 元赔偿金?简要说明理由。

(3) 银行能否以振辉机械厂账户余额不足 200 000 元为由，拒绝向乙公司付款?简要说明理由。

2．2013 年 3 月 10 日，甲、乙两个企业签订了 100 万元的买卖合同。根据合同约定，乙企业于 3 月 20 日向甲企业发货后，甲企业向乙企业签发了 100 万元的支票，出票日期为 2013 年 4 月 1 日，付款人为丙银行。但甲企业在支票上未记载支票金额，授权乙企业补记。乙企业在支票上补记金额后，于 2013 年 4 月 19 日向丙银行提示付款。

要求：根据支票法律制度的规定，分析回答以下问题。

(1) 甲企业在出票时应加盖哪些签章？

(2) 若甲企业的签章不符合规定，该支票是否有效？为什么？

(3) 甲企业在出票时未记载金额即将支票交给乙企业，该支票是否有效？并说明理由。

(4) 乙企业于 2013 年 4 月 19 日提示付款，其票据权利是否消灭？为什么？

3．A 公司于 2013 年 1 月 10 日与 B 公司签订一份标的为 100 万元的买卖合同，合同约定采用汇票结算方式。2013 年 2 月 1 日，A 公司按照合同约定发出货物，B 公司于 2 月 20 日签发一张见票后 1 个月付款的银行承兑汇票。3 月 5 日，A 公司向 C 银行提示承兑并于当日获得承兑。3 月 10 日 A 公司在与 D 公司的买卖合同中将承兑后的汇票背书转让给 D 公司，3 月 20 日 D 公司在与 E 公司的买卖合同中将该汇票背书转让给 E 公司，同时在汇票的背面记载不得转让字样。3 月 30 日 E 公司在与 F 公司的买卖合同中将该汇票背书转让给 F 公司。4 月 1 日，持票人 F 公司向 C 银行提示付款，C 银行以 E 公司在背书转让时未记载背书日期为由拒付。F 公司于 4 月 2 日取得拒付理由书后，于 4 月 10 日向 E 公司、D 公司、B 公司、A 公司同时发出追索通知，追索金额包括汇票金额 100 万元、逾期付款利息及发出通知的费用合计共为 102 万元。其中，E 公司以 F 公司未在法定期限内发出追索通知、丧失追索权为由拒绝承担责任；D 公司以自己在背书曾记载不得转让字样为由拒绝承担责任；A 公司以追索金额超过汇票金额为由拒绝承担；B 公司以 F 公司应先向 E 公司追索为由拒绝承担责任。

要求：根据资料，分析有无违法之处，若有，解释理由。

4. A，B 公司于 2013 年 3 月 20 日签订买卖合同，根据合同约定，B 公司于 3 月 25 日发出 100 万元的货物，A 公司将一张出票日期为 4 月 1 日、金额为 100 万元、见票后 3 个月付款的银行承兑汇票交给 B 公司。4 月 20 日，B 公司向承兑人甲银行提示承兑，承兑日期为 4 月 20 日。5 月 10 日，B 公司在与 C 公司的买卖合同中，将该汇票背书转让给 C 公司。5 月 20 日，C 公司在与 D 公司的买卖合同中，将其背书给 D 公司。2013 年 7 月 25 日，持票人 D 公司向甲银行提示付款时，甲银行以 A 公司未能足额交存票款为由，拒绝付款，并于当日签发拒绝证明。

要求：根据票据法的规定，回答以下问题。

(1) B 公司应当在什么时间之前向甲银行提示承兑？说明理由。

(2) 持票人 D 应在什么时间之前向甲银行提示付款？说明理由。

(3) 甲银行拒绝付款的理由是否成立？说明理由。

(4) 出票人 A 公司应当承担何种法律责任？

第三章　税收法律制度

✍学习窗

- ⊙　掌握税收的作用、特征、税收分类及税法构成要素。
- ⊙　掌握主要税种的纳税人、征税范围及税率。
- ⊙　熟悉主要税种应纳税额计算及税收征收管理。
- ⊙　熟悉税务登记、税款征收的内容；掌握发票的开具与管理、纳税申报的方式。

➤案例导入

利星纺织印染有限公司为一般纳税人，主要产品包括棉纱、棉型涤纶纱、棉胚布、棉型涤纶胚布和印染布等。2013 年 3 月外购项目如下(假定本月取得的相关发票均在本月认证抵扣)。

1．外购染料价款 30 000 元，专用发票注明增值税额 5 100 元。

2．外购低值易耗品 15 000 元，专用发票注明税额 2 550 元。

3．从供销社棉麻公司购进棉花，专用发票注明税额 27 200 元。

4．从农业生产者手中购进棉花价款 40 000 元，无进项税额。

5．“小规模纳税人”购进修理用配件 6 000 元，发票未注明税额。

6．购进煤炭 100 吨，价款 9 000 元，专用发票注明税额 1 170 元。

7．生产用外购电力若干千瓦时，专用发票注明税额 5 270 元。

8．生产用外购水若干吨，增值税专用发票税额 715 元。

9．购气流纺纱机一台 50 000 元，专用发票注明税额 8 500 元。

该厂本月销售货物情况如下(除注明外，销售收入不含税)。

1．销售棉胚布 120 000 米，销售收入 240 000 元。

2．销售棉型涤纶布 100 000 米，销售收入 310 000 元。

3．销售印染布 90 000 米，其中销售给“一般纳税人”80 000 米，销售收入 280 000 元，销售给“小规模纳税人”10 000 米，价税混合收取计 40 000 元。

销售各类棉纱给“一般纳税人”，价款 220 000 元，销售各类棉纱给“小规模纳税人”价税混合收取，计 60 000 元。

问题：(1) 针对上述资料，请说明增值税的征税范围。

(2) 一般纳税人和小规模纳税人的区别和认定标准是什么？如果你以后开办公司，假如可以自己选择纳税人身份，你会选择的是一般纳税人还是小规模纳税人？

(3) 增值税纳税人具体有哪些？

(4) 有销售行为没有增值税专用发票，购销双方如何计税？

(5) 采购物资取得的抵扣联是否都可以抵扣？进项税额抵扣的规定有哪些？

(6) 增值税的计税依据如何确定？

(7) 增值税有无税收优惠政策？

(8) 计算该有限公司 2013 年 3 月份应纳的增值税并归纳一般纳税人和小规模纳税人的应纳税额计算的思路。

第一节　税 收 概 述

一、税收的概念与分类

(一) 税收及其作用

税收是国家为实现国家职能，凭借政治权力，按照法律规定的标准，无偿取得财政收入的一种特定分配方式。税收具有组织收入、调节经济、维护国家政权和国家利益等方面的重要作用。

(1) 税收是国家组织财政收入的主要形式。税收组织财政收入的作用主要表现在三个方面：一是由于税收具有强制性、无偿性和固定性，因而能保证其收入的稳定；二是税收的按年、按季、按月征收，均匀入库，有利于财力调度，满足日常财政支出;三是税收的源泉十分广泛，多税种、多税目、多层次、全方位的课税制度，能从多方筹集财政收入。

(2) 税收是国家调控经济运行的重要手段。经济决定税收，税收反作用于经济。国家通过税种的设置，以及加成征收或减免税等手段来影响社会成员的经济利益，改变社会财富分配状况，对资源配置和社会经济发展产生影响，调节社会生产、交换、分配和消费，从而达到调控经济运行的目的，促进社会经济健康发展。

(3) 税收具有维护国家政权的作用。国家政权是税收产生和存在的必要条件，而国家政权的存在又有赖于税收的存在。没有税收，国家机器就不可能有效运转。同时，税收分配不是按照等价原则和所有权原则分配的，而是凭借政治权力对物质利益进行调节，从而达到巩固国家政权的政治目的。

(4) 税收是国际经济交往中维护国家利益的可靠保证。在国际经济交往中，任何国家对本国境内从事生产经营的外国企业或个人都拥有税收管辖权，这是国家权益的具体体现。随着改革开放、经济全球一体化进程进一步深入，国际交流与合作越来越频繁，建立和完善涉外税法，既维护了国家的权益；又为鼓励外商投资，保护国外企业或个人在华合法经营，发展国家间平等互利的经济技术合作，提供了可靠的法律保障。

(二)税收的特征

税收具有无偿性、强制性和固定性三个特征。

1．无偿性

税收的无偿性，是指国家征税后，税款就成为国家所有，不再直接返还给纳税人，也不支付任何报酬。无偿性是税收的本质属性，体现了财政分配的本质。

2．强制性

税收的强制性，是指国家凭借政治权力，依照法律强制征税，纳税人必须依法纳税，否则就要受到法律的制裁。税收的无偿性必然决定税收具有强制性。

【思考题 3-1】富兰克林有一句富有哲理的名言：人一生下来有两件事不可避免，一是死亡，二是缴税。

试分析其含义。

3．固定性

税收的固定性，是指国家通过法律形式预先规定了每个税种的征税范围、计税标准及征收比例或数额，按预定标准征收。这些标准在一定时期内，具有相对的稳定性。也体现了税法的严肃性。

【思考题 3-2】ABC 公司是当地的纳税大户，该公司向税务机关申请税收折扣，遭到税务机关的拒绝。

试分析税务机关的拒绝有无道理？

（三）税收的分类

1．按征税对象分类

(1) 流转税类。主要是在生产、流通或者服务业中发挥调节作用。以流转额为征税对象，包括增值税、消费税、营业税、关税。

(2) 所得税类。以纳税人的各种应纳税所得额为征税对象，主要是在国民收入形成后，对生产经营者的利润和个人的纯收入发挥调节作用，包括企业所得税和个人所得税。

(3) 财产税类。以纳税人所拥有或支配的某些财产为征税对象，主要包括房产税、车船税等。

(4) 资源税类。是对在我国境内从事资源开发的单位和个人征收的一类税，以自然资源为征税对象，主要包括资源税、土地增值税、城镇土地使用税等。

(5) 行为税类。以某些特定行为为征税对象，包括房产税、车船税、印花税、契税和屠宰税，主要是对某些财产和行为发挥调节作用。

【思考题 3-3】下列税种中，属于行为税类的税种有(　　)。

A. 增值税　　B. 印花税

C. 关税　　D. 资源税

2．按征收管理的分工体系分类

(1) 工商税类。以从事工业、商业和服务业的单位和个人为纳税人的各类税的总称，是我国现行税制的主体部分，由税务机关负责征收管理。主要包括增值税、消费税、营业税、资源税等。

(2) 关税类。对进出境的货物、物品征收的税种的总称，由海关负责征收。主要包括进出口关税、对入境旅客行李物品和个人邮递物品征收的进口税，不包括海关代征的进口环节的增值税、消费税和船舶吨税。

3．按税收征收权限和收入支配权限分类

(1) 中央税。即收入归中央政府所有的税种，一般由中央政府的税务机关及其派出机构进行征收和管理，有时也委托地方税务机关征收并且解缴中央。例如关税、消费税等。

(2) 地方税。由地方政府征收和管理使用的一类税，例如个人所得税、屠宰税、筵席税等。

(3) 中央与地方共享税。它是指收入归中央和地方共同享有的税种。目前把与发展经济直接相关、数额较大及收入能稳定增长的税种划分为中央与地方政府共享税，例如增值税(不包括海关代征部分)75%归中央，25%归地方。

【思考题 3-4】下列税种中，属于中央税的有(　　)。

A. 增值税　　B. 消费税

C. 关税　　D. 营业税

E. 房产税

4．按计税标准的不同分类

(1) 从价税。以课税对象的价格为依据，按一定比例计征的一种税。实行比例税率和累进税率，其应纳税额随价格的变化而变化，能充分体现合理负担的税收政策。例如增值税、营业税、房产税、企业所得税、个人所得税等。

(2) 从量税。以课税对象的数量为依据，按固定税额计征的一类税。其课税数额只与课税对象数量相关，与价格无关。例如资源税、车船税、土地使用税等。

(3) 复合税。即采用从量税和从价税同时征收的一种方法。例如我国现行的消费税中的卷烟、白酒(粮食白酒和薯类白酒)等。

二、税法及其构成要素

(一) 税收与税法的关系

税法是国家制定的用以调整国家与纳税人之间在征纳税方面的权利及义务关系的法律规范的总称。税法与税收存在着密切的联系。税收以税法为其依据和保障，而税法又必须以保障税收活动的有序进行为其存在的理由和依据。税收作为一种经济活动，属于经济基础范畴；而税法则是一种法律制度，属于上层建筑范畴。

(二) 税法的分类

1．按税法内容的不同分类

(1) 税收实体法。是规定税收法律关系的实体权利、义务的法律规范的总称，是税法的核心部分。例如《中华人民共和国增值税暂行条例》《中华人民共和国营业税暂行条例》《中华人民共和国企业所得税法》《中华人民共和国个人所得税法》都属于税收实体法。

(2) 税收程序法。是指以国家税收活动中所发生的程序关系为调整对象的税法，是规定国家征税权行使程序和纳税人纳税义务履行程序的法律规范的总称，是税法体系的基本组成部分。例如《中华人民共和国税收征收管理法》。

2．按照主权国家行使税收管辖权的不同分类

按照主权国家行使税收管辖权的不同分类，可分为国内税法、国际税法和外国税法。

(1) 国内税法一般是按照属人或属地原则，规定一个国家的内部税收制度。

(2) 国际税法是指国家间形成的税收制度，主要包括双边或多边国家间的税收协定、条约和国际惯例等。

(3) 外国税法是指外国各个国家制定的税收制度。

【思考题 3-5】税法按照主权国家行使税收管辖权的不同，可以分为(　　)。

A．国内税法　　B．国际税法

C．外商投资企业税法　　D．外国税法

3．按照税法法律级次分类

按照税法法律级次分类，可分为税收法律、税收行政法规、税收规章和税收规范性文件。

(1) 税收法律，由全国人大及其常委会制定。法律地位仅次于宪法，高于税收法规、规章。例如《中华人民共和国企业所得税法》《中华人民共和国个人所得税法》《中华人民共和国税收征收管理法》等。

(2) 税收行政法规。由国务院制定，法律地位低于宪法和税收法律如《中华人民共和国企业所得税法暂行条例》《中华人民共和国增值税暂行条例》《中华人民共和国消费税暂行条例》《中华人民共和国营业税暂行条例》《中华人民共和国个人所得税法实施细则》《中华人民共和国税收征收管理法实施细则》等。

(3) 税收规章。分为税收部门规章和地方税收规章。税收部门规章，由财政部、国家税务总局、海关总署、国务院关税税则委员会等部门、机构制定，法律地位低于税收法律、行政法规，如《中华人民共和国增值税暂行条例实施细则》《税务代理试行办法》《中华人民共和国海关进出口货物征税管理办法》等。地方税收规章由省、自治区、直辖市和较大城市的人民政府经税收法律、行政法规明确授权的部门制定，法律地位低于税收法律、行政法规。如《中华人民共和国城镇土地使用税暂行条例》等。

(4) 税收规范性文件，是行政机关依据法律、行政法规、规章的规定制定的，是对税收法律、行政法规、规章的具体化和必要补充。它在税收工作领域中数量最多，在本辖区内使用，法律效力最低。

(三) 税法构成要素

税法的构成要素包括征税人、纳税义务人、征税对象、税目、税率、计税依据、纳税环节、纳税期限、纳税地点、减免税、法律责任。纳税义务人、征税对象和税率是构成税法的三个最基本的要素。

1．征税人

征税人是指法律、行政法规规定代表国家行使税收征管职权的各级税务机关和其他征收机关，主要包括税务机关和海关。

2．纳税人

纳税人又称纳税义务人，是指税法规定的直接负有纳税义务的自然人、法人和其他组织。

3．征税对象

征税对象又称课税对象或纳税客体，是税收法律关系中权力义务所指向的对象，是指税法规定对什么征税，是区分不同税种的主要标志。

4．税目

税目是指税法中规定的征税对象的具体项目，是征税的具体根据。如消费税的征税对象是应税消费品，其税目包括烟、酒等14种消费品；个人所得税征税对象是个人的应税所得，其税目包括工资、稿酬、劳务等11项。

5．税率

税率是指应纳税额与计税金额(或数量单位)之间的比例，它是计算税额的尺度。是衡量税负轻重与否的重要标志，税率是税收法律制度中的核心因素。

我国现行税法规定的税率主要有比例税率、定额税率、累进税率。

(1) 比例税率，是指对同一征税对象，不论金额大小都按同一比例纳税。如增值税基本税率17%等。

(2) 定额税率，是按纳税对象的一定计量单位规定固定的税额，而不是规定纳税比例。一般是用于从量征收的某些税种、税目。如资源税、城镇土地使用税、车船税等。

(3) 累进税率，是指按照纳税对象数额的大小，实行等级递增的税率。一般适用于对所得和财产征税，目前我国有个人所得税(超额累进税率)和土地增值税(超率累进税率)。

1) 超额累进税率指将应税所得额按照税法规定分解为若干段，每一段按其对应的税率计算出该段应交的税额，然后再将计算出来的各段税额相加，即为应税所得额应交纳的税款。例如目前我国工资薪金所得应缴纳的个人所得税的税率是执行3%至45%的七级超额累进税率。如表3-1所示。

【案例分析3-1】

张先生，2011年11月工资为6 000元，其中3 500元以内的部分不征收个人所得税，超过3 500元的部分，适用表3-1税率。

表　3-1

全月应纳税所得额	税率
全月应纳税额不超过1 500元	3%
全月应纳税额超过1 500元至4 500元	10%
全月应纳税额超过4 500元至9 000元	20%
全月应纳税额超过9 000元至35 000元	25%
全月应纳税额超过35 000元至55 000元	30%
全月应纳税额超过55 000元至80 000元	35%
全月应纳税额超过80 000元	45%

张先生 11 月应纳税所得额=6 000-3 500=2 500 元应纳税额=

1 500×3% + 1 000×10%=145 元

2)超率累进税率指以征税对象数额的相对率划分若干级距，分别规定相应的差别税率，相对率每超过一个级距的，对超过的部分就按高一级的税率计算征税，例如土地增值税。

6. 计税依据

计税依据是指计算应纳税额的依据或标准，即根据什么来计算纳税人应缴纳的税额。分为从价计征、从量计征和复合计征。

(1) 从价计征，以计税金额为计税依据。

(2) 从量计征，以征税对象的质量、体积、数量为计税依据，例如消费税中的黄酒、啤酒以吨数为计税依据；汽油、柴油以升数为计税依据。

(3) 复合计征，既包括从量计征又包括计价从征。例如我国现行的消费税中的卷烟、粮食白酒、薯类白酒。

7. 纳税环节

税法规定的征税对象在从生产到消费的流转过程中应当缴纳税款的环节。纳税环节一般有以下两种类型。

(1) 单一环节征税。即同一税种在其征税对象从生产到消费的流转过程中只选择在一个环节征税。例如现行的资源税，一般只在开采或生产环节征收。

(2) 多环节征税。即同一税种在其征税对象从生产到消费的流转过程中，每流转一次，就要征收一次。例如增值税“道道环节”征税。

8. 纳税期限

纳税人的纳税义务发生后应依法缴纳税款的期限。纳税期限一般分为按期纳税和按次纳税两种形式。超过纳税期限未缴税的，应依法加收滞纳金。

9. 纳税地点

纳税人依据税法规定向征税机关申报缴纳税款的具体地点。它是根据各税种的征税对象和纳税环节，本着有利于税款源泉控制的原则来确定的。

10. 减免税

国家对于某些纳税人和征税对象给予鼓励和照顾的一种特殊规定。包括以下三方面内容。

(1) 减税和免税。减税指对应征税款减少征收一部分，免税指对应征收的税款全部免除。

(2) 起征点。它是指征税对象达到征税数额开始征税的界限。征税对象的数额未达到起征点的不征税，达到或超过起征点的，就其全部数额征税，而不是仅就超过起征点的部分征税。

(3) 免征额。它是指征税对象总额中免予征税的数额。即将纳税的一部分给予减免，只就减除后剩余部分计征税款。例如《中华人民共和国个人所得税法》(以下简称《个人所得税法》)规定，对工资、薪金所得，以每月收入额减除费用 3 500 元后的余额，为应纳税所得额。

11. 法律责任

法律责任是对违反国家税法规定的行为人采取的处罚措施。税法规定的法律责任形式主要

有两种：一是行政责任，包括吊销税务登记证、罚款、税收保全及强制执行等；二是刑事责任，对违反税法情节严重，构成犯罪的行为，要依法追究其刑事责任。

【案例分析 3-2】

某类税种起征点为 1 000 元，超过起征点税率为 10% ，ABCD 四人的征税对象数额分别为 A 999 元，B　1 000 元，C 1 001 元，D 2 000 元，则 4 人分别交多少税？

【解析】 A 应纳税＝0(元)

B 应纳税＝1 000×10%＝100(元) (达到或超过起征点的全额纳税)

C 应纳税＝1 001×10%＝100.1(元)

D 应纳税＝2 000×10%＝200(元)

假设案例 3-2 中的 1 000 为免征额，则

A 应纳税＝0(元)

B 应纳税＝0(元) (只对超过免征额部分纳税)

C 应纳税＝(1 001-1 000)×10%＝0.1(元)

D 应纳税＝(2 000-1 000)×10%＝100(元)

第二节　主 要 税 种

一、增值税

（一）增值税的概念与分类

1．增值税

增值税是指对从事销售货物或者提供加工、修理修配劳务，以及进口货物的单位和个人取得的增值额为计税依据征收的一种流转税。

现行增值税的基本规范是《中华人民共和国增值税暂行条例》(以下简称《增值税暂行条条列》)(2009 年 1 月 1 日起实施)和《中华人民共和国增值税暂行条例实施细则》(最新修订的是 2011 年 11 月 1 日开始实施)。

2．增值税的类型

按照外购固定资产处理方式的不同，可将增值税划分为生产型增值税、收入型增值税和消费型增值税三种类型。

(1) 生产型增值税。其特点是在计算增值税时，不允许纳税人扣除任何外购固定资产的价款值，计税的范围与国民生产总值相一致，故称为生产型增值税。

(2) 收入型增值税。其特点是在计算增值税时，只允许将外购固定资产折旧部分的价值扣除，计税依据相当于国民收入，故称为收入型增值税。

(3) 消费型增值税。其特点是在计算增值税时，允许将外购固定资产的价值一次性全部扣

除，即所有的生产资料均可扣除，只对消费资料征税，故称为消费型增值税。我国从2009年1月1日起全面实行消费型增值税。

（二）征税范围

增值税的征税范围包括工业、商业批发和零售、进口货物及部分加工性劳务。对大部分劳务和农业没有征收增值税。根据《增值税暂行条例》及其实施细则的规定，增值税的征税范围包括以下几个方面。

1．征税范围的一般规定

(1) 销售货物。货物是指除土地、房屋和其他建筑物等不动产之外的有形动产，包括电力、热力和气体在内。单位和个人在中国境内销售货物，不论是从受让方取得货币，还是获得实物或其他经济利益，都应征收增值税。

(2) 提供加工、修理修配劳务。又称销售应税劳务。加工是指受托加工货物；修理修配是指受托对损伤和丧失功能的货物进行修复，使其恢复原状和功能的业务。

(3) 进口货物。它是指进入中国关境的货物，除依法征收关税外，还要在进口环节征收增值税。

【思考题3-6】下列各项中，应缴纳增值税的有(　　)。

A. 电力公司销售电力　　B. 天然气公司销售天然气

C. 房产公司销售房产　　D. 卷烟厂销售卷烟生产技术

2．征税范围的特殊规定

(1) 视同销售行为。下列行为，属于视同销售应税货物，应当征收增值税。

1) 将货物交付其他单位或个人代销；

2) 销售代销货物(但收取的手续费缴纳营业税)；

3) 设有两个以上机构并实行统一核算的纳税人，将货物从一个机构移送其他机构用于销售，但相关机构在同一县(市)的除外；

4) 将自产或委托加工的货物用于非应税项目(如自产水泥用于扩建厂房)；

5) 将自产、委托加工或购买的货物作为投资，提供给其他单位或个体经营者；

6) 将自产、委托加工或购买的货物分配给股东或投资者；

7) 将自产、委托加工的货物用于集体福利或个人消费；

8) 将自产、委托加工或购买的货物无偿赠送他人。

上述8种行为，虽然没有销售收入，但要视同销售，征收增值税。这样做的目的有两个：一是保证增值税税款抵扣制度的实施，不至于因发生上述行为而造成税款抵扣环节的中断；二是防止通过这些行为逃避税收，造成货物销售税收负担的不平衡。

【思考题3-7】下列各项中，应缴纳增值税的有(　　)。

A. 将自产的货物用于投资

B. 将外购的货物用于集体福利

C. A市的甲企业将库存商品移送给本市的分公司乙销售

D. 将外购的钢材用于修建办公大楼

(2) 混合销售行为。混合销售行为是指在一项销售行为里既涉及货物、又涉及非增值税应税劳务的行为。例如商场销售空调取得收入 3 000 元，同时上门为客户安装，取得安装费 100 元，这项业务中既有货物(空调)的销售(应纳增值税)，又有安装劳务(营业税征税范围)的销售，属于混合销售。混合销售行为的特点是两项销售同时发生在同一纳税人身上，而且不允许纳税人选择，或同时接受或同时放弃。

【思考题 3-8】下列行为应缴纳增值税的有(　　)。

A. 商场销售商品的同时，提供廉价的送货服务

B. 照相馆提供照相服务的同时，以成本价销售相册

C. 建材公司销售建材的同时，为购买建材的顾客提供低廉的装潢设计服务

D. 培训中心提供培训服务的同时，销售配套教材

(3) 兼营行为。兼营行为是指在销售应税货物或应税劳务的同时又从事应缴营业税的劳务，且两者之间无直接从属关系的行为。兼营行为的特点是两项或多项业务可供纳税人选择，并非必须兼营。例如汽车厂既生产销售汽车(应纳增值税)，也开展汽车驾驶培训业务(应纳营业税)，购买汽车的人不一定非要参加培训，参加培训的人也不一定非要购买该厂生产的汽车，因此，属于兼营行为。

纳税人兼营非增值税应税项目的，应分别核算货物或者应税劳务和非增值税应税项目的营业额。未分别核算的，由主管税务机关核定货物或者应税劳务的销售额。

(4) 其他应征增值税的项目。

1) 货物期货(包括商品与贵金属期货)，在期货的实物交割环节征收增值税。

2) 银行销售金银的业务。

3) 典当业的死当销售业务和寄售业代委托人销售物品的业务。

4) 集邮商品，例如邮票、明信片和首日封等的生产和调拨，以及邮政部门以外的其他单位和个人销售集邮商品。

5) 邮政部门以外其他单位和个人发行报刊。

6) 不提供有关的电信劳务服务，单独销售无线寻呼机和移动电话的业务。

邮政部门销售集邮商品和发行报刊，电信局及经电信局批准的其他从事电信业务的单位销售无线寻呼机和移动电话，并为客户提供有关的电信劳务服务的，不征收增值税，而征收营业税。

7) 融资租赁业务。对除经中国人民银行和商务部批准经营融资租赁业务的单位以外的其他单位所从事的融资租赁业务，租赁的货物的所有权转让给承租方，征收增值税。

8) 纳税人受托开发软件产品，著作权属于受托方的，征收增值税。

9) 电力公司向发电企业收取的过网费，征收增值税。

(三) 增值税一般纳税人

增值税的纳税人，是在中华人民共和国境内(以下简称中国境内)销售货物或者提供加工、修理修配劳务以及进口货物的单位和个人。“单位”是指企业、行政单位、事业单位、军事单位、社会团体及其他单位；“个人”是指个体工商户和其他个人。

在中国境内销售货物或者提供加工、修理修配劳务，具体内容如下：

(1) 销售货物的起运地或者所在地在境内；

(2) 提供的应税劳务发生在境内。

单位租赁或者承包给其他单位或者个人经营的，以承租人或者承包人为纳税人。

中国境外的单位或者个人在中国境内提供应税劳务，在境内设有经营机构的，以其境内代理人为扣缴义务人；在境内没有代理人的，以购买方为扣缴义务人。

增值税一般纳税人的认定标准如下：

(1) 从事货物生产或提供应税劳务的纳税人，以及以其为主，兼营货物批发或零售的纳税人，年销售额在50万元以上；

(2) 从事货物批发或零售的纳税人，年销售额在80万元以上。

除国家税务总局另有规定外，纳税人一经认定为一般纳税人后，不得转为小规模纳税人。

（四）增值税税率

一般纳税人适用基本税率、低税率或零税率；小规模纳税人和采用简易办法征税的一般纳税人，适用征收率。

1．基本税率

增值税基本税率为17%，适用于除实行低税率和零税率以外所有的货物及加工和修理修配劳务。

2．低税率

据《增值税暂行条例》的规定，13%的低税率适用于纳税人销售或进口下列货物：

(1) 粮食、食用植物油、鲜奶；

(2) 自来水、暖气、冷气、热水、煤气、石油液化气、天然气、沼气、居民用煤炭制品；

(3) 图书、报纸、杂志；

(4) 饲料、化肥、农药、农机、农膜；

(5) 国务院规定的其他货物。

3．零税率

纳税人出口货物，税率为零；但是，国务院另有规定的除外。

4．征收率

小规模纳税人征收率为3%。

（五）增值税一般纳税人应纳税额的计算

1．计税依据

增值税以纳税人的销售额为计税依据。

销售额是指纳税人销售货物或提供应税劳务向购买方收取的全部价款和价外费用，但不包括向购买方收取的增值税税款。

价外费用是指向购买方收取的手续费、补贴、基金、集资费、返还利润、奖励费、违约金(延期付款利息)、包装费、包装物租金、储备费、优质费、运输装卸费、代收款项、代垫款项以及其他各种性质的价外费用。但不包括下列项目：

(1) 受托加工应征消费税的消费品所代收代缴的消费税。

(2) 同时符合下列条件的代垫运费：承运部门的运费发票开具给购货方；纳税人将该项发票转交给购货方。

(3) 符合条件代为收取的政府性基金或行政事业性收费。

(4) 向购买方收取的销项税额。

2．一般纳税人应纳税额的计算

增值税一般纳税人采用税款抵扣的方法计税，其计算公式如下：

应纳税额=当期销项税额-当期进项税额

当期销项税额小于当期进项税额不足抵扣时，其不足部分可以结转下期继续抵扣。

3．销项税额的确定

销项税额是指纳税人销售货物或提供应税劳务，按照销售额和规定的税率计算并向购买方收取的增值税额。其计算公式如下：

销项税额=销售额(或组成计税价格)×税率

不含税销售额=含税销售额/(1+税率)

特殊销售方式下销售额的确定如下：

(1) 折扣销售。如果销售额和折扣额在同一张发票上分别注明的，可按折扣后的余额作为销售额计算增值税，如果将折扣额另开发票，均不得从销售额中减除折扣额。

(2) 以旧换新。应按新货物的同期销售价格确定销售额，不得扣减旧货物的收购价格。(金银首饰除外)

(3) 还本销售。销售额就是货物的销售价格，不得从销售额中减除还本支出。

(4) 以物易物。双方都应作购销处理。

4．进项税额

(1) 准予抵扣的进项税额如下：

1) 从销售方取得的增值税专用发票上注明的增值税税额；

2) 从海关取得的完税凭证上注明的增值税税额；

3) 其他按规定计算的准予抵扣的进项税额，例如购买农业产品准予按买价和13%扣除率抵扣进项税额，购买或销售货物时承担的运费可以按运费金额和7%抵扣率抵扣进项税额。

(2) 不得抵扣的进项税额如下：

1) 购进货物用于非应税项目、免税项目、集体福利或个人消费；

2) 非正常损失的购进货物；

3) 非正常损失的产品、产成品所耗用的购进货物或应税劳务；

4) 未按规定取得并保存增值税扣税凭证，或者增值税扣税凭证上未按规定注明增值税税额及其他有关事项。

5．进项税额的抵扣时限

纳税人必须自该专用发票开具之日起180日内到税务机关认证，并在认证通过的次月抵扣.

【案例分析 3-3】

某商店为增值税一般纳税人，2013 年 6 月，开具专用发票销售货物取得不含税销售额 300 000 元，开具普通发票销售货物取得销售额 1 170 000 元，计算销售额。

解析:

$$300\,000+1\,170\,000/(1+17\%)=1\,300\,000\text{(元)}$$

【案例分析 3-4】

某企业为增值税一般纳税人，2013 年 8 月，销售货物的销售额 3 000 000 元(不含增值税)，外购货物的准予扣除的进项税额为 250 000 元。销售货物适用 17%的增值税税率。计算该企业 8 月份的增值税应纳税额。

解析:

$$3\,000\,000\times17\%-250\,000=260\,000\text{(元)}$$

(六) 小规模纳税人

1．增值税小规模纳税人

增值税小规模纳税人是指年应税销售额在规定标准以下，并且会计核算不健全，不能按规定报送有关税务资料的增值税纳税人。

2．小规模纳税人的认定标准

(1) 从事货物生产或提供应税劳务的纳税人以及以从事货物生产或提供应税劳务为主，并兼营货物批发或零售的纳税人，年应税销售额在 50 万元以下的；

(2) 其他纳税人，年应税销售额在 80 万元以下的。

3．特殊规定

(1) 小规模纳税人会计核算健全，能够提供准确税务资料的，可以向主管税务机关申请资格认定，不作为小规模纳税人，依法计算增值税应纳税额。

(2) 年应税销售额超过小规模纳税人标准的个人、非企业性单位、不经常发生应税行为的企业，可选择按小规模纳税人纳税。

4．小规模纳税人应纳税额的计算

计算公式:

应纳税额 = 不含税销售额×征收率(实行简易征收制，不得抵扣进项税额)

5．含税销售额转化为不含税销售额计算公式

不含税销售额 = 含税销售额÷(1+征收率)

【思考题 3-9】2013 年 6 月，某增值税小规模纳税人填开普通发票销售货物，销售收入为 92 700 元，外购货物 2 700 元，其当期应缴增值税(　　)。

A. 5 247 元　　B. 2 621 元

C. 2 700 元　　D. 3 565 元

解析：92 700÷(1+3%)×3% = 2 700 元，购入时税不抵扣。

(七) 增值税征收管理

1. 纳税义务发生时间

一般规定：销售货物或应税劳务的纳税义务发生时间为收讫销售款或取得索取销售款凭据的当天；先开具发票的，为开具发票的当天。进口货物的纳税义务发生时间为报关进口的当天。

具体规定如下：

(1) 直接收款方式。不论货物是否发出，均为收到销售款或取得索取价款凭据的当天。

(2) 托收承付和委托收款方式。发出货物并办妥托收手续的当天。

(3) 赊销和分期收款方式。有书面合同的为书面合同约定的收款日期的当天，无书面合同的或者书面合同没有约定收款日期的，为货物发出的当天。

(4) 预收货款方式。货物发出的当天。生产销售生产工期超过 12 个月的大型机械设备、船舶、飞机等货物，为收到预收款或者书面合同约定的收款日期的当天。

(5) 委托代销方式。收到代销清单或者收到全部或者部分货款的当天。未收到代销清单及货物的，为发出代销货物满 180 天的当天。

(6) 销售应税劳务。提供劳务同时收讫价款或索取价款凭据的当天。

(7) 视同销售行为。货物移送的当天。

【思考题 3-10】采取分期收款方式销售货物，纳税义务发生时间为(　　)。

A. 货物发出的当天　　B. 收到销售额的当天

C. 收到代销清单的当天　　D. 合同约定的收款日期的当天

2. 纳税期限

(1) 增值税的纳税期限分别为 1 日、3 日、5 日、10 日、15 日、1 个月或 1 个季度。不能按照固定期限纳税的，可以按次纳税。

以 1 个月或 1 个季度为一期纳税的，自期满之日起 15 日内申报纳税；以 1 日、3 日、5 日、10 日、15 日为一期纳税的，自期满之日起 5 日内预缴税款，次月 1 至 15 日内申报缴纳，并结清上月应纳税款。

(2) 进口货物，应当自海关填发税款缴纳凭证之日起 15 日内缴纳税款。

(3) 出口货物，应当按月申报办理出口退税。

3. 纳税地点

(1) 固定业户应当向其机构所在地主管税务机关申报纳税。

(2) 非固定业户应当向销售地或劳务发生地主管税务机关申报纳税。

(3) 固定业户到外县(市)销售货物或提供应税劳务的，应向机构所在地主管税务机关申请开具外出经营活动税收管理证明，并向其机构所在地主管税务机关申报纳税；未开具证明的，应向销售地或劳务发生地主管税务机关申报纳税；未向销售地或劳务发生地主管税务机关申报纳税的，由其机构所在地主管税务机关补征税款。

(4) 进口货物，应向报关地海关申报纳税。

二、消费税

（一）消费税的概念

消费税是对在我国境内生产、委托加工、进口应税消费品的单位和个人征收的一种流转税。现行消费税的基本规范是《中华人民共和国消费税暂行条例》(以下简称《消费税暂行条例》)和《中华人民共和国消费税暂行条例实施细则》(2009 年 1 月 1 日起实施)。

1．消费税征税范围

我国实行的是选择性的特种消费税，现有的税目 14 个，即烟、酒及酒精、化妆品、贵重首饰、珠宝玉石、鞭炮焰火、成品油、汽车轮胎、小汽车、摩托车、高尔夫球及球具、高档手表、游艇、木制一次性筷子、实木地板。

征收消费税的税目主要包括如下五大类：

(1) 过度消费会对人类健康、社会秩序和生态环境造成危害的特殊消费品，包括烟、酒及酒精、鞭炮焰火、木制一次性筷子、实木地板等。

(2) 奢侈品、非生活必需品，包括贵重首饰及珠宝玉石、化妆品、高尔夫球及球具、高档手表等。

(3) 高能耗及高档消费品，包括游艇、小汽车、摩托车等。

(4) 使用和消耗不可再生和替代的稀缺资源的消费品，包括成品油等。

(5) 具有特定财政意义的消费品，包括汽车轮胎等。

【思考题 3-11】下列消费品中，不属于消费税征税范围的是(　　)。

A. 汽车轮胎　　B. 网球及球具

C. 烟丝　　D. 实木地板

2．消费税纳税义务人

凡是在境内从事应税消费品生产、委托加工和进口的单位和个人，都是消费税的纳税人。

（二）消费税税目

从 2006 年 4 月 1 日起消费税税目进行了较大的变更，新增了成品油、木制一次性筷子、实木地板、游艇、高尔夫球及球具和高档手表六个税目，取消了护肤护发品税目，原汽油和柴油税目归入成品油这一新税目。具体税目规定如下。

1．烟

烟是以烟叶为原料加工生产的特殊消费品。凡是以烟叶为原料加工生产的产品，不论使用何种辅料，均属于本税目的征收范围，包括卷烟、雪茄烟和烟丝。

2．酒及酒精

酒是酒精度在 1°以上的各种酒类饮料。酒类包括粮食白酒、薯类白酒、黄酒、啤酒和其他酒等。酒精包括各种工业酒精、医用酒精和食用酒精等。

3．化妆品

化妆品是日常生活中用于修饰美化人体表面的用品，包括各类美容、修饰类化妆品，高档护肤类化妆品和成套化妆品。如香水、香水精、香粉、口红、指甲油、胭脂、眉笔、唇笔、蓝眼油、眼睫毛等。

4．贵重首饰及珠宝玉石

包括凡以金、银、白金、宝石、珍珠、钻石、翡翠、珊瑚、玛瑙等高贵稀有物质以及其他金属、人造宝石等制作的各种纯金银首饰及镶嵌首饰和经采掘、打磨和加工的各种珠宝玉石。

5．鞭炮焰火

包括各种鞭炮、焰火。但体育上用的发令纸、鞭炮药引线，不按本税目征收。

6．成品油

包括汽油、柴油、石脑油、溶剂油、航空煤油、润滑油和燃料油七个子目。其中航空煤油暂缓征收消费税。

7．汽车轮胎

汽车轮胎是指用于汽车、挂车、专用车和其他机动车上的内外轮胎。

农用拖拉机、收割机和手扶拖拉机的专用轮胎，不属于本税目的征收范围。2001 年 1 月 1 日起对子午线轮胎免征消费税，翻新轮胎停止征收消费税。

8．摩托车

应税摩托车包括轻便摩托车和摩托车两种。对最大设计车速不超过 50km/h，发动机气缸总工作容量不超过 50mL 的三轮摩托车不征收消费税。

9．小汽车

小汽车是指由动力驱动，具有四个或四个以上车轮的非轨道承载的车辆。在小汽车税目下分设乘用车、中轻型商用客车子目。

用上述应税车辆的底盘组装、改装或改制的各种货车、特种用车(如急救车、抢修车)、电动汽车等不属于本税目的征收范围。

10．木制一次性筷子

木制一次性筷子又称卫生筷子，是指以木材为原料经过锯锻、浸泡、旋切、刨切、烘干、筛选、打磨、倒角、包装等环节加工而成的各类一次性使用的筷子。

本税目征收范围包括各种规格的木制一次性筷子。未经打磨、倒角的木制一次性筷子属于本税目征税范围。

11．实木地板

实木地板是指以木材为原料，经锯割、干燥、刨光、截断、开榫、涂漆等工序加工而成的地面装饰材料。

本税目征收范围包括各类规格的实木地板、实木脂接地板、实木复合地板及用于装饰墙壁、天棚的侧端面为榫、槽的实木装饰板。

未经涂饰的素板也属于本税目征税范围。

12. 游艇

本税目征收范围包括艇身长度大于 8m(含)、小于 90m(含)、内置发动机、可以在水上移动、一般为私人或团体购置、主要用于水上运动和休闲娱乐等非牟利活动的各类机动艇。

13. 高尔夫球及球具

本税目征收范围包括高尔夫球、高尔夫球杆和高尔夫球包(袋)。高尔夫球杆的杆头、杆身和握把属于本税目的征收范围。

14. 高档手表

高档手表是指销售价格(不含增值税)每块在 10 000 元(含)以上的各类手表。

【思考题 3-12】生产下列产品应缴纳消费税的是(　　)。

A. 实木地板　　B. 单价 4 万元的裘皮大衣

C. 高档食品　　D. 卷烟

(三) 税率

消费税采用比例税率和定额税率两种形式，根据不同的税目或子税目确定相应的税率或单位税额，对个别应税消费品则实行复合计税，以适应不同应税消费品的情况。

1. 比例税率

比例税率主要适用于价格差异较大，计量单位不规范的应税消费品，例如小汽车、摩托车、化妆品等。

2. 定额税率

定额税率主要适用于那些价格差异不大，计量单位规范的应税消费品，例如黄酒、啤酒和航空煤油、柴油等分别按单位质量或单位体积确定单位税额，黄酒每吨税额为 240 元，柴油每升为 0.8 元等。

3. 复合税率

复合税率是指同一种消费品同时适用比例税率与定额税率的一种特殊税率形式。复合税率适用于价格和利润差异较大、容易采用转让定价方法来规避纳税的应税消费品，目前白酒及甲类、乙类卷烟的消费税税率采用复合税率形式。例如粮食白酒定额税率为每斤(500 克)0.5 元，比例税率为 20%，即生产粮食类白酒，先征一道从量定额税，然后再按销售额计征一道从价定率税。

(四) 消费税应纳税额的计算

1. 从价定率计征

在从价定率计算方法下，消费税的计税依据是应税消费品的销售额。销售额是指纳税人销售应税消费品向购买方收取的全部价款和价外费用。

在从价定率计算方法下，应纳消费税税额的基本计算公式为

应纳消费税税额=应税消费品的销售额×适用税率

此处的“销售额”与增值税法中的“销售额”基本一致。

【案例分析 3–5】

某鞭炮厂为增值税一般纳税人，2013 年 5 月，该厂以不含税出厂价 187.2 元/箱，对外销售鞭炮 1 155 箱，将 500 箱同类鞭炮移送给本厂非独立核算门市部对外销售，当月零售同类鞭炮 412 箱，每箱零售价为 280.8 元，计算该厂当月应纳消费税税额。

解析：对外销售鞭炮应纳消费税税额=187.2×1 155×15%=32 432.4(元)；

零售鞭炮应纳消费税税额=280.8÷(1+17%)×412×15%=14 832(元)；

应纳消费税税额=32 432.4+14 832=47 264.4(元)。

2. 从量定额计征

实行从量计征的应税消费品，其计税依据是应税消费品的销售数量，自产自用应税消费品的，为应税消费品的移送使用数量。其应纳消费税税额的基本计算公式为

应纳税额=应税消费品的销售数量(或移送使用数量)×定额税率

现行消费税的征税范围中，黄酒、啤酒、成品油实行从量定额计税。

销售量的确认如下：

(1) 销售应税消费品的，为应税消费品的销售数量。

(2) 自产自用的应税消费品，为应税消费品的移送使用数量。

(3) 委托加工应税消费品的，为纳税人收回的应税消费品的数量

(4) 进口应税消费品的，为海关核定的应税消费品进口征税数量。

【案例分析 3–6】

某企业是一般纳税人，2013 年 6 月生产销售乙类啤酒 400 吨，乙类啤酒每吨税额为 220 元每吨出厂价格 2 800 元，计算当月该啤酒厂应纳消费税税额。

解析：

应纳税额=400×220=88 000 元

3. 复合计征

其计税依据是应税消费品的销售数量和销售额。销售数量和销售额的确定同上所述。现行消费税的征税范围中，只有卷烟、白酒采用混合计算方法，其应纳消费税税额的基本计算公式为

应纳税额=应税销售数量(或移送数量)×定额税率+应税销售额(组成计税价)×比例税率

组成计税价格 = (成本+利润+自产自用数量×定额税率)÷(1−消费税税率)

【案例分析 3–7】

某卷烟厂 10 月份生产销售卷烟 1 000 标准箱(50 000 支，250 条)，每条不含税销售价格

为 70 元，试计算该厂 10 月份应纳消费税额。

解析：根据税率表可知，该批卷烟的比例税率为 56%，定额税率为 150 元/箱，所以该厂 10 月份应纳消费税税额计算如下：

应纳税额=1 000×150＋1 000×250×70×56%=150 000＋98 000 000= 9 950 000(元)

4．应税消费品已纳消费税扣除的计算

为了避免重复征税，现行消费税规定，将外购应税消费品和委托加工收回的应税消费品继续生产应税消费品销售的，可以将外购应税消费品和委托加工收回的应税消费品已缴纳的消费税给予扣除。

由于某些应税消费品是用外购已缴纳消费税的应税消费品连续生产出来的，当对这些连续生产出来的应税消费品计算征税时，税法规定应按当期生产领用数量计算准予扣除外购的应税消费品已纳的消费税税款。扣除范围具体如下：

(1) 外购已税烟丝生产的卷烟；

(2) 外购已税化妆品生产的化妆品；

(3) 外购已税珠宝玉石生产的贵重首饰及珠宝玉石；

(4) 外购已税鞭炮焰火生产的鞭炮焰火；

(5) 外购已税汽车轮胎(内胎和外胎)生产的汽车轮胎；

(6) 外购已税摩托车生产的摩托车；

(7) 外购已税杆头、杆身和握把为原料生产的高尔夫球杆；

(8) 外购已税木制一次性筷子为原料生产的木制一次性筷子；

(9) 外购已税实木地板为原料生产的实木地板；

(10) 外购已税石脑油为原料生产的应税消费品；

(11) 外购已税润滑油为原料生产的润滑油。

当期准予扣除的外购应税消费品买价=期初库存的外购应税消费品的买价+当期购进的应税消费品的买价-期末库存的外购应税消费品的买价

【案例分析 3-8】

某卷烟生产企业，某月初库存外购应税烟丝金额 20 万元，当月又外购应税烟丝金额 50 万元(不含增值税)，月末库存烟丝金额 10 万元，其余被当月生产卷烟领用。请计算卷烟厂当月准予扣除的外购烟丝已缴纳的消费税税额。

解析：当期准许扣除的外购烟丝买价=20+50-10=60(万元)

当月准许扣除的外购烟丝已缴纳的消费税税额=60×30%=18(万元)

(五) 消费税的征收管理

1．纳税义务的发生时间

(1) 纳税人销售应税消费品的，按不同的销售结算方式纳税义务的发生时间分别如下：

1) 采取赊销和分期收款结算方式的，为书面合同约定的收款日期的当天，书面合同没有约定收款日期或者无书面合同的，为发出应税消费品的当天；

2) 采取预收货款结算方式的，为发出应税消费品的当天；

3) 采取托收承付和委托银行收款方式的，为发出应税消费品并办妥托收手续的当天；

4) 采取其他结算方式的，为收讫销售款或者取得索取销售额凭据的当天；

5) 纳税人自产自用应税消费品，为移送使用的当天；

6) 纳税人委托加工应税消费品的，为纳税人提货的当天；

7) 纳税人进口应税消费品的，为报关进口的当天；

8) 纳税人进口应税消费品，应当自海关填发海关进口消费税专用缴款书之日起15天内缴纳，其他与增值税规定一致。

2．纳税地点

纳税人销售应税消费品的，以及自产自用的，除国家另有规定外，向纳税人核算地主管税务机关申报纳税。

委托个人加工应税消费品的，由委托方向其机构所在地或者居住地纳税，除这些之外，由受托方向所在地主管税务机关代收代缴消费税税款。

进口的应税消费品，由进口人或者代理人向报关地海关申报纳税。

3．纳税期限

消费税的纳税期限分别为1日、3日、5日、10日、15日、1个月或者1个季度，具体纳税期限由主管税务机关根据纳税人应纳税额的大小分别核定。

纳税人以1个月或者1个季度为一期的，自期满之日起15日内申报纳税。

纳税人以其他时间为一个纳税期的，自期满之日起5日内预缴税款，于次月1日至15日申报纳税。

纳税人进口应税消费品，应当自海关填发海关进口消费税专用缴款书之日起15日内缴纳税款。

【思考题3-13】纳税人销售应税消费品，应当向(　　)主管税务机关申报纳税。

A. 机构所在地　　B. 纳税人核算地

C. 居住地　　D. 消费品生产地

三、营业税

营业税是指对在我国境内提供应税劳务、转让无形资产或者销售不动产的单位和个人，就其营业(业务)收入额征收的一种税。

现行营业税的基本规范是《中华人民共和国营业税暂行条例》(以下简称《营业税暂行条例》)(2009年1月1日起实施)和《中华人民共和国营业税暂行条例实施细则》(最新修订的从2011年11月1日起实施)。

(一) 营业税纳税义务人

在中国境内提供营业税应税劳务、转让无形资产和销售不动产的单位和个人。

营业税纳税人的特殊情况如下：

(1) 承包、承租、挂靠方式经营的，以发包人为纳税人，否则以承包人为纳税人。

(2) 中央铁路运营业务的纳税人为中国铁路总公司。

(二) 营业税税目、税率(见表 3-1)

表 3-1

税目		税率
提供应税劳务	交通运输业	3%
	建筑业	
	邮电通信业	
	文化体育业	
	金融保险业	5%
	服务业	
	娱乐业	5%～20%
转让无形资产		5%
销售不动产		

纳税人兼营不同税目应税行为的，应当分别核算各自的营业额、转让额、销售额，按各自的适用税率计算应纳税额；未分别核算的，应从高适用税率。

【思考题 3-14】根据《营业税暂行条例》的规定，下列各项中，属于营业税征税范围的有(　　)。

A. 保险业　　B. 修理业

C. 服务业　　D. 建筑业

(三) 营业税的计税依据

营业税的计税依据为营业额。营业额为纳税人提供应税劳务、转让无形资产或者销售不动产收取的全部价款和价外费用，以下项目除外：

(1) 纳税人将承揽的运输业务分给其他单位或者个人的，以其取得的全部价款和价外费用扣除其支付给其他单位或个人的运输费用后的余额为营业额；

(2) 纳税人从事旅游业务的，以其取得的全部价款和价外费用扣除替旅游者支付给其他接团旅游企业的旅游费用的余额为营业额；

(3) 纳税人将建筑工程分包给其他单位的，以其取得的全部价款和价外费用扣除其支付给其他单位的分包款后余额为营业额；

(4) 外汇、有价证券、期货等金融商品买卖业务，以卖出价减去买入价后的余额为营业额；

(5) 国务院财政、税务主管部门规定的其他情形。

纳税人提供应税劳务、转让无形资产或者销售不动产的价格明显偏低并无正当理由，由主管税务机关按下列办法核定营业额。

1) 按纳税人最近时期发生同类应税行为的平均价格核定；

2) 按其他纳税人最近时期发生同类应税行为的平均价格核定；

3) 按下列公式核定：

营业额=营业成本或者工程成本×(1+成本利润率)÷(1−营业税税率)

【思考题 3-15】2013 年 1 月某房地产开发公司自建建筑物出售，出售建筑物的工程成本为

1 200万元(利润率10%)，其出售取得收入为1560万元，则该公司2013年1月应纳营业税为(　　)。

A. 40.82万元　　B. 78万元

C. 87.62万元　　D. 118.82万元

解析：　1 200×(1+10%)÷(1−3%)×3%=40.82

1 560×5%=78

(四) 营业税应纳税额的计算(见表3-2)

表 3-2

方法	计税依据	应纳税额计算公式
全额计税	营业额全额(包括价款和价外费用)	应纳税额＝营业额×适用税率
差额计税	营业额减去准予扣除金额后的余额	应纳税额＝(营业额-准予扣除金额)×适用税率
组成计税价格计税	组成计税价格 组成计税价格＝营业成本或工程成本×(1+成本利润率)÷(1−营业税税率)	应纳税额＝组成计税价格×适用税率

【案例分析3-10】

某运输公司2013年6月运营售票收入总额为600万元，从中支付联运业务的金额为300万元。计算该运输公司2013年6月应缴纳的营业税税额。

解析：　营业额=(售票收入总额-联运业务支出)=600−300=300(万元)

营业税额=300×3%=9(万元)

(五) 营业税的减免及征收管理

1．营业税的减免

根据《营业税暂行条例》的规定，下列项目免征营业税：

(1) 托儿所、幼儿园、养老院、残疾人福利机构提供的育养服务、婚姻介绍、殡葬服务；

(2) 残疾人员个人提供的劳务；

(3) 医院、诊所和其他医疗机构提供的医疗服务；

(4) 学校和其他教育机构的劳务，学生勤工俭学提供的劳务；

(5) 农业方面；

(6) 纪念馆、博物馆等门票收入。

注：营业税的起征点为营业额达到或超过起征点即按照全额计算纳税，营业额低于起征点则免予征收。营业税按期纳税的起征点为月营业额1 000～5 000元，按次纳税的起征点为每次(日)营业额100元。

2．营业税的纳税地点

营业税的纳税地点具体规定如下：

(1) 纳税人提供的建筑业劳务以及国务院财政、税务主管部门规定的，应当向应税劳务发生地的主管税务机关申报纳税；

(2) 纳税人转让无形资产应当向其机构所在地或者居住地的主管税务机关申报纳税；

(3) 纳税人销售、出租不动产应当向不动产所在地的主管税务机关申报纳税；

(4) 纳税人提供劳务发生在外县(市)，应向劳务发生地主管税务机关申报纳税，6 个月未纳税的应向机构所在地纳税；

(5) 扣缴义务人应当向机构所在地或者居住地的主管税务机关申报纳税。

3．营业税的纳税期限

(1) 营业税的纳税期限分别为 5 日、10 日、15 日、1 个月或者 1 个季度。

(2) 金融业(不包括典当业)的纳税期，为 1 个季度。

(3) 保险业的纳税期限为 1 个月。

4．营业税纳税义务发生时间

营业税纳税义务发生时间为纳税人提供应税劳务、转让无形资产或者销售不动产并收讫营业收入款项或者取得索取营业收入款项凭据的当天。国务院财政、税务主管部门另有规定的，从其规定。

【思考题 3-16】下列关于营业税纳税义务发生时间的陈述中，正确的是(　　)。

A. 自建建筑物对外赠与，为该建筑物建成的当天

B. 采取预收款方式提供租赁业劳务的，为收到预收款的当天

C. 将土地使用权无偿赠送个人的为土地使用权转移的当天

D. 发生自建行为的，为销售自建建筑物取得索取营业收入款项凭据的当天

四、企业所得税

(一) 企业所得税的概念

企业所得税，是指国家对企业的生产经营所得和其他所得征收的一种税。新的《中华人民共和国企业所得税法》(以下简称《企业所得税法》)于 2007 年 3 月 16 日第十届全国人民代表大会第五次会议通过，自 2008 年 1 月 1 日起施行。

1．征税范围

在中国境内，企业和其他取得收入的组织为企业所得税的纳税人。不包括个人独资企业、合伙企业。

2．纳税人

按照企业所得税法规定，依据企业登记注册地和实际管理机构两个标准，可以将企业所得税纳税人区分为居民企业和非居民企业，并分别承担不同的纳税义务。

(1) 居民企业，是指依法在中国境内成立，或者依照外国(地区)法律成立但实际管理机构在中国境内的企业。居民企业应当就其来源于中国境内、境外的所得缴纳企业所得税。

(2) 非居民企业，是指依照外国(地区)法律成立且实际管理机构不在中国境内，但在中国境内设立机构、场所的，或者在中国境内未设立机构、场所，但有来源于中国境内所得的企业。非居民企业在中国境内设立机构、场所的，应当就其所设机构、场所取得的来源于中国境内的

所得+发生在中国境外但与其所设机构、场所有实际联系的所得，缴纳企业所得税。

(二) 企业所得税征税对象——生产经营所得和其他所得

征税对象具体包括销售货物所得、提供劳务所得、转让财产所得、股息红利等权益性投资所得、利息所得、租金所得、特许权使用费所得、接受捐赠所得和其他所得。

(三) 企业所得税税率

(1) 居民企业以及在中国境内设立机构、场所且取得的所得与其所设机构、场所有实际联系的非居民企业，适用税率为25%。

(2) 符合下列条件的小型微利企业，按20%的税率征收企业所得税。主要由以下几种：

1) 工业企业，年度应纳税所得额不超过30万元，从业人数不超过100人，资产总额不超过3 000万元；

2) 其他企业，年度应纳税所得额不超过30万元，从业人数不超过80人，资产总额不超过1 000万元；

(3) 国家需要重点扶持的高新技术企业，按15%的税率征收企业所得税；

(4) 非居民企业在中国境内未设立机构、场所的，或者虽设机构、场所但其所得与设立的机构、场所没有实际联系的，适用税率为10%。

【思考题3-17】以下各类企业适用25%企业所得税税率的是(　　)。

A. 居民企业

B. 在中国境内设立机构、场所的非居民企业

C. 在中国境内未设立机构场所但有来自中国境内所得的非居民企业

D. 在中国境内设立机构、场所但取得的所得与该机构、场所没有实际联系的非居民企业

(四) 应纳税所得额的确定

应纳税所得额=收入总额-不征税收入-免税收入-准予扣除项目金额-

允许弥补的以前年度亏损

1. 收入总额

收入总额是指纳税人以货币形式和非货币形式从各种来源取得的收入。具体包括以下各项收入。

(1) 销售货物收入。是指纳税人销售商品、产品、原材料、包装物、低值易耗品以及其他存货取得的收入。除法律另有规定外，纳税人销售货物收入的确认，必须遵循权责发生制原则和实质重于形式原则。

(2) 提供劳务收入。是指纳税人从事建筑安装、修理修配、交通运输、仓储租赁、金融保险、邮电通信、咨询经纪、文化体育、科学研究、技术服务、教育培训、餐饮住宿、中介代理、卫生保健、社区服务、旅游、娱乐、加工以及其他劳务服务活动取得的收入。

企业在各个纳税期末，提供劳务交易的结果能够可靠估计的，应采用完工进度(完工百分比)法确认提供劳务收入。

(3) 其他收入。是指纳税人取得的股息、利息、租金、特许权使用费、接受捐赠等的收入。其中股息、红利等权益性投资收益，除另有规定外，按照被投资方做出利润分配决定的日期确认收入的实现。利息、租金、特许权使用费等收入，应该按照合同规定的应付日期来确定。接受捐赠的收入按照实际收到捐赠资产的日期确认收入的实现。

2. 不征税收入

(1) 各级人民政府对纳入预算管理的事业单位、社会团体等组织拨付的财政资金。

(2) 依法收取并纳入财政管理的行政事业性收费、政府性基金。

(3) 企业取得的，由国务院财政、税务主管部门规定专项用途并经国务院批准的财政性资金。

3. 免税收入

(1) 国债利息收入。

(2) 符合条件的居民企业之间的股息、红利等权益性投资收益。不包括连续持有居民企业公开发行并上市流通的股票不足 12 个月取得的投资收益。

(3) 在中国境内设立机构、场所的非居民企业从居民企业取得与该机构、场所有实际联系的股息、红利等权益性投资收益。

(4) 符合条件的非营利组织的收入，不包括非营利组织从事营利性活动取得的收入。

4. 准予扣除的项目

一般扣除项目包括成本、费用、税金、损失和其他支出。

(1) 成本。销售成本、销货成本、业务支出以及其他耗费。

(2) 费用。销售费用、管理费用和财务费用，不包括已计入成本的有关费用。

(3) 税金。税金是指纳税人发生的除企业所得税和允许抵扣的增值税以外的各项税金及其附加，即纳税人按规定缴纳的消费税、营业税、资源税、关税、土地增值税、城市维护建设税和教育费附加，以及发生的房产税、车船使用税、城镇土地使用税和印花税等。企业缴纳的房产税、车船税、土地使用税、印花税等，已经计入管理费用中扣除的，不再作为税金单独扣除。

【思考题 3-18】下列企业缴纳的税金，可以税前扣除的有(　　)。

A. 增值税　　B. 企业所得税
C. 消费税　　D. 土地增值税

(4) 损失。发生的固定资产和存货的盘亏、毁损、报废损失，转让财产损失，呆账损失，坏账损失，自然灾害等不可抗力因素造成的损失以及其他损失。

(5) 其他支出。其他支出是指除成本、费用、税金、损失外，企业在生产经营活动中发生的与生产经营活动有关的、合理的支出。

5. 不得扣除的项目

(1) 向投资者支付的股息、红利等权益性投资收益款项；

(2) 企业所得税税款；

(3) 税收滞纳金、罚金、罚款和被没收财物的损失；

(4) 公益救济以外的捐赠支出、赞助支出(非广告性质支出)；

(5) 企业为投资者或者一般职工支付的商业保险费；

(6) 未经核定的准备金支出；

(7) 与取得收入无关的其他支出，包括企业之间支付的管理费、企业内营业机构之间支付的租金和特许权使用费，以及非银行企业内营业机构之间支付的利息，不得扣除。

6．亏损弥补

(1) 亏损，是指企业依照企业所得税法的规定将每一纳税年度的收入总额减除不征税收入、免税收入和各项扣除后小于零的数额。

(2) 企业纳税年度发生的亏损，准予用以后年度的所得弥补，但结转年限最长不得超过5年。5年内不论是盈利或亏损，都作为实际弥补期限计算。不得将每个亏损年度的连续弥补期相加，更不得断开计算。

(3) 企业在汇总计算缴纳企业所得税时，其境外营业机构的亏损不得抵减境内营业机构的盈利。

【思考题3-19】甲公司2013年度实现利润总额为500万元，无其他纳税调整事项，经税务机关核实的2012年度亏损额为380万元，该公司2013年度应缴纳的企业所得税税额为(　　)万元。

A. 125　　B. 30

C. 165　　D. 39.6

【案例分析3-10】

某工业企业，从业人数80人，资产总额700万元，2013年度的相关情况如下：

1．产品销售收入96万元；

2．其他应征税的收入17万元；

3．销售成本、销售税金及附加52.7万元；

4．有关费用、其他支出36万元；

5．经审查企业多列支福利费用5万元。

试计算2013年应纳税所得额和企业所得税税额。

解析：应纳税所得额=96+17−52.5−36+5=29.3(万元)

应纳所得税=29.3×20%=5.86(万元)

【案例分析3-12】

某企业销售收入3 000万元，营业外收入520万元，其中包括依法收取政府性基金200万元、国债利息收入20万元、租金收入280万元，特许权使用费收入160万元。

(1) 有关销售成本支出1 800万元，缴纳营业税150万元，增值税336万元；

(2) 管理费用280万元，财务费用100万元，销售费用220万元；

(3) 营业外支出80万元，其中非公益性捐赠20万元。

已知该企业上年未弥补亏损12万元。企业所得税税率为25%，试计算该企业的企业所得税应纳税额。

解析：应纳税所得额=3 000+520−200−20−1 800−150−280−100−220−(80−20)−12=678(万元)；

应纳所得税额=678×25%=169.5(万元)。

(五) 企业所得税征收管理

1. 纳税地点

(1) 居民企业。以企业登记注册地为纳税地点。登记注册地在境外的，以实际管理机构所在地为纳税地点。居民企业在中国境内设立不具有法人资格的营业机构的，应当汇总计算并缴纳企业所得税。

(2) 非居民企业。

1) 在中国境内设立机构、场所，来源于中国境内所得与该机构、场所有实际联系的，以机构、场所所在地为纳税地点。

2) 在中国境内未设立机构、场所，或虽设立机构、场所但取得的所得与其所设机构、场所没有实际联系的，由扣缴义务人代扣代缴企业所得税，以扣缴义务人所在地为纳税地点。

3) 应由扣缴义务人扣缴的所得税，扣缴义务人未扣缴的，由纳税人在所得发生地缴纳。

2. 纳税义务发生时间

企业所得税以纳税人取得应纳税所得额的计征期的终了日为纳税义务发生时间。

3. 纳税申报

(1) 企业所得税按年计征，分月或分季预缴，年终汇算清缴，多退少补。

(2) 纳税年度自公历1月1日起至12月31日止。

(3) 企业应当自月份或季度终了之日起15日内预缴税款；自年度终了之日起5个月内汇算清缴，结清应缴应退税款。

(4) 预缴所得税时，应当按纳税期限的实际数预缴。若按实际数额预缴有困难的，可以按上一年度应纳税所得额的1/12或1/4，或税务机关确认的其他方法预缴。预缴方法一经确定，不得随意改变。

(5) 除国务院另有规定外，企业之间不得合并缴纳企业所得税。

【思考题3-20】企业应当自年度终了之日起(　　)内，向税务机关报送年度企业所得税纳税申报表，并汇算清缴，结清应缴应退税款。

A. 2个月　　B. 3个月

C. 4个月　　D. 5个月

【案例分析3-12】

某机构公司，2013年的销售收入总额为6 000万元，其中不征税的收入为200万元；其他应征税的收入为300万元；销售产品成本、销售税金及附加为2 800万元；有关费用、其他支出为60万元；经批准可以弥补的亏损额为18万元。年内已预缴企业所得税额为520万元。计算企业2013年应纳企业所得税额和多退少补企业所得税额。

解析：　应纳税所得额=(6 000+300)−200−2 800−60−18=3 222(万元)

应纳所得税=3 222×25%=805.5(万元)

多退少补=805.5-520=285.5 (万元)

答：企业 2013 年应纳企业所得税 805.5 万元，补企业所得税额 285.5 万元。

【案例分析 3-13】

某企业 2013 年的销售收入额为 2 900 万元，年终自行计算申报的应纳税所得额为 96 万元，经审查，企业的业务招待费支出为 32 万元，已按照发生额的 60%计算扣除，广告费和业务宣传费支出 450 万元，已全部计算扣除。年内已预缴企业所得税额 22 万元，按照企业所得税规定和要求，计算应纳税所得额和应纳所得税额以及应补交税额。

解析：(1) 业务招待费扣除=32×60%=19.2(万元)

不得超过数为=2 900×5‰=14.5(万元)

应调增数=19.2-14.5=4.7(万元)

(2) 准予扣除的广告费和业务宣传费=2 900×15%=435(万元)

应调增数=450-435=15(万元)

(3) 应纳税所得额=96+4.7+15=115.7(万元)

(4) 应纳所得税额=115.7×25%=28.925(万元)

(5) 应补交款项=28.925-22=6.925(万元)

五、个人所得税

(一) 个人所得税概念

个人所得税是对个人(自然人)取得的各项应税所得征收的一种税。现行《个人所得税法》是 2011 年 6 月 30 日第六次修订，自 2011 年 9 月 1 日起施行的。

(二) 个人所得税纳税人

个人所得税以所得人为纳税义务人(包括自然人、个体工商户、个人独资企业、合伙企业)，以支付所得的单位或个人为扣缴义务人。

按照税法规定，依据住所和居住时间两个标准，可以将纳税人区分为居民和非居民，并分别承担不同的纳税义务。

居民纳税义务人承担无限纳税义务，即来源于境内外的全部所得都应在我国纳税，非居民承担有限纳税义务，即只就来源于境内的所得纳税。

(三) 个人所得税的应税项目和税率

1. 个人所得税应税项目(11 个)

我国个人所得税实行分类所得税制。

(1) 工资、薪金所得(简称工薪)，是指个人因任职或受雇而取得的工资、薪金、奖金、年终加薪、劳动分红、津贴、补贴以及与任职或者受雇有关的其他所得。

工薪所得不包括，独生子女费；执行公务员工资制度未纳入基本工资总额的补贴、津贴差额和家属成员的副食品补贴；托儿补助费；差旅费补贴、误餐补助；按照省级以上规定比例提取并缴付的住房公积金、医疗保险、基本养老保险、失业保险、工伤保险和生育保险等。

(2) 个体工商户的生产、经营所得。

(3) 对企事业单位的承包经营、承租经营所得。

(4) 劳务报酬所得。

(5) 稿酬所得。

(6) 特许权使用费所得，是指个人提供专利权、商标权、著作权、非专利技术以及其他特许权的使用权取得的所得。提供著作权的使用权取得的所得，不包括稿酬所得。

(7) 利息、股息、红利所得。

(8) 财产租赁所得。

(9) 财产转让所得。

(10) 偶然所得，是指个人得奖、中奖、中彩以及其他偶然性质的所得。

(11) 经国务院财政部门确定征税的其他所得。

2. 个人所得税实行超额累进税率与比例税率相结合的税率体系

(1) 从2011年9月1日起，工资、薪金所得，适用3%～45%的七级超额累进税率，个人所得税新税率表如表3-3所示。

表3-3 个人所得税新税率表

级数	全月应纳税所得额	税率/(%)	速算扣除数
1	不超过1 500元部分	3	0
2	超过1 500元至4 500元部分	10	105
3	超过4 500元至9 000元部分	20	555
4	超过9 000元至35 000元部分	25	1 005
5	超过35 000元至55 000元部分	30	2 755
6	超过55 000元至80 000元部分	35	5 505
7	超过80 000元部分	45	13 505

(2) 个体工商户的生产经营所得，适用5%～35%的五级超额累进税率如表3-4所示。

表3-4

级数	全年应纳税所得额	税率/(%)	速算扣除数
1	不超过5 000元的	5	0
2	超过5 000～10 000元的部分	10	250
3	超过10 000～30 000元的部分	20	1 250
4	超过30 000～50 000元的部分	30	4 250
5	超过50 000元以上的部分	35	6 750

(3) 稿酬所得，适用20%的比例税率，并按应纳税额减征30%，故实际税率为14%；

(4) 劳务报酬所得，适用20%的比例税率，对劳务报酬所得一次收入极高的，可以实行加成征收；

应纳税所得额一次超过2万至5万元的部分，按照税法规定计算应纳税额后，再按照应纳税额加征 5 成，超过 5 万元的部分，加征 10 成，实际为三级超额累进税率，如表 3-5 所示。

(5) 特许权使用费所得，利息、股息、红利所得，财产转让所得，偶然所得和其他所得，适用比例税率，税率一般为 20%。

表 3-5

级　数	每次应纳税所得	税率/%	速算扣除数
1	不超过 20 000 元的	20	0
2	超过 20 000 元至 50 000 元的部分	30	2 000
3	超过 50 000 元以上的部分	40	7 000

【思考题 3-21】根据个人所得税的规定，以下各项所得适用累进税率形式的有(　　)。

A. 工资薪金所得　　B. 个体工商户生产经营所得

C. 财产转让所得　　D. 承包承租经营所得

(四) 个人所得税应纳税所得额

1. 工资、薪金所得

工资、薪金所得，以每月收入额减除费用 3 500 元后的余额，为应纳税所得额。

应纳税额＝应纳税所得额×适用税率-速算扣除数＝

(每月收入额-3 500 元或 4 800 元)×适用税率-速算扣除数

【案例分析 3-14】

小张 2013 年 1 月取得薪金 6 000 元，计算应纳税所得额和应纳所得税额。(全月应纳税所得额 1 500 元以下的税率 3%；超过 1 500 元不超过 4 500 元的税率 10%，速算扣除数为 105)。

可以用两种方法计算应纳所得税额：

第一种方法是按照速算扣除数简易计算法计算，即

2 500×10%-105(速算扣除数)=145(元)

第二种方法是按照超额累进税率定义分解计算，即

1 500×3%+(2 500-1 500)×10%=45+100=145(元)

2. 个体工商户的生产经营所得

个体工商户的生产经营所得，以每一纳税年度的收入总额，减除成本、费用以及损失后的余额，为应纳税所得额。

应纳税额=应纳税所得额×适用税率-速算扣除数=(全年收入总额-

成本、费用以及损失)×适用税率-速算扣除数

3. 对企事业单位的承包经营、承租经营所得

企事业单位的承包经营、承租经营所得，以每一纳税年度的收入总额，减去必要费用后的余额，为应纳税所得额。

4．劳务报酬所得、特许权使用费、财产租赁所得、稿酬所得

(1) 每次收入不足4 000元的，应纳税所得额＝每次收入-800；

(2) 每次收入超过4 000元的，应纳税所得额＝每次收入额×(1-20%)。

【案例分析 3-15】

某人年内共取得5次劳务报酬，分别为3 000，10 000，22 000，30 000，100 000要求计算各次应缴纳的所得税税额。

解析，第一次：　(3 000-800)×20%＝440(元)

第二次：　10 000×(1-20%)×20%＝1 600(元)

第三次：　22 000×(1-20%)×20%＝3 520(元)

第四次：　20 000×20% ＋[30 000×(1-20%)-20 000] ×20%×1.5＝5 200(元)

第五次：　20 000×20%＋30 000×20%×1.5＋[100 000×(1-20%)-50 000]×20%×2＝25 000(元)

【案例分析 3-16】

某作家2013年1月份出版一本书，取得稿酬6 000元。该书2月至4月被某报连载，2月份取得稿费1 000元，3月份取得稿费1 000元，4月份取得稿费1 000元。因该书畅销，5月份出版社增加印数，又取得追加稿酬2 000元。请计算该作家稿酬所得的应纳税额。

解析：1月份出版获得收入与增加印数追加稿酬合并作为一次；在报纸上连载3个月获得收入合并为一次。

出版和增加印数稿酬应纳税所得额=(6 000+2 000)×(1-20%)=6 400(元)

报纸上连载稿酬应纳税所得额=(1 000+1 000+1 000)-800=2 200(元)

应纳税额=(6 400+2 200)×20%×(1-30%)=1 204(元)

5．财产转让所得

财产转让所得，以转让财产的收入额减除财产原值和合理费用后的余额，为应纳税所得额。

6．利息、股息、红利所得，偶然所得和其他所得

利息、股息、红利所得，偶然所得和其他所得，以每次收入额为应纳税所得额。

【思考题 3-22】对个人所得征收个人所得税时，不得扣减费用而以每次收入额为应纳税所得额的有(　　)。

A．偶然所得　　B．稿酬所得

C．利息、股息、红利所得　　D．财产转让所得

(五) 个人所得税征收管理

1．纳税申报方式

(1) 个人所得税实行代扣代缴和自行申报两种征收方式。其中以支付所得的单位或个人为扣缴义务人。

(2) 需自行申报的情形。①年所得12万元以上；②从中国境内两处或两处以上取得工资、

薪金所得的；③从中国境外取得所得的；④取得应纳税所得，没有扣缴义务人的；⑤国务院规定的其他情形(如取得应税所得而扣缴义务人未按规定扣缴税款的)。

(3) 需代扣代缴的情形。除需自行申报的情形之外，一律实行代扣代缴。

2．纳税期限

(1) 扣缴义务人、自行申报纳税义务人每月应纳的税款，都应当在次月 7 日内缴入国库。

(2) 年所得 12 万元以上的纳税人，在年度终了后 3 个月内办理纳税申报。

(3) 从中国境外取得所得的纳税人，在年度终了后 30 日内办理纳税申报。

3．纳税地点

(1) 自行申报的纳税人一般在取得所得的所在地税务机关申报纳税；

(2) 在中国境外取得所得的，应该在户籍所在地税务机关或指定税务机关申报纳税。

第三节　税 收 征 管

一、税务登记

税务登记是税务机关依据税法规定，对纳税人的生产、经营活动进行登记管理的一项法定制度，也是纳税人依法履行纳税义务的法定手续。

税务登记是税务管理工作的首要环节，是征纳双方法律关系成立的依据和证明。税务登记分为开业登记、变更登记、停业与复业登记、注销登记、外出经营报验登记等。

(一) 开业登记(设立登记)

开业登记是指从事生产、经营的纳税人，经国家工商行政管理部门批准开业后办理的纳税登记。

1．开业税务登记的对象

(1) 领取营业执照从事生产、经营的纳税人。包括各类企业、企业在外地设立的分支机构和个体工商户等。

(2) 其他纳税人。除国家机关、个人和无固定生产、经营场所的流动性农村小商贩以外的纳税人，也应当按照规定办理税务登记。

2．开业税务登记的地点

企业在外地设立的分支机构和从事生产、经营的场所，个体工商户，从事生产、经营的事业单位(以下统称从事生产、经营的纳税人)，向生产、经营所在地税务机关申报办理税务登记。

3．开业税务登记的时间

(1) 领取工商营业执照的，自领取工商营业执照起 30 日；

(2) 未办理工商营业执照但经有关部门批准设立的，自有关部门批准设立之日起 30 日；

(3) 从事生产、经营的纳税人未办理工商营业执照也未经有关部门批准设立的，自纳税义务发生之日起 30 日；

(4) 承包的，自承包承租合同签订之日起 30 日；

(5) 从事生产、经营的纳税人外出经营，自其在同一县(市)实际经营或提供劳务之日起，在连续的 12 个月内累计超过 180 天的，应当自期满之日起 30 日内，向生产、经营所在地税务机关申报办理税务登记；

(6) 境外企业在中国境内承包建筑、安装、勘探等，提供劳务的，自项目合同或协议签订之日起 30 日；

(7) 其他非生产经营纳税人，除国家机关、个人和无固定生产、经营场所的流动性农村小商贩外，均应自纳税义务发生之日起 30 日。

【思考题 3-23】根据税收征收管理法律制度的规定，从事生产、经营的纳税人领取工商营业执照的，应当自领取工商营业执照的一定期间内申报办理税务登记。该期间是(　　)。

A. 5 日内　　B. 10 日内

C. 20 日内　　D. 30 日内

4. 开业税务登记的内容

(1) 纳税人名称；

(2) 法定代表人或负责人姓名及其居民身份证、护照或者其他能证明身份的合法证件；

(3) 税务登记代码；

(4) 生产经营地址；

(5) 登记注册类型及所属主管单位；

(6) 核算方式；

(7) 生产经营范围(主营、兼营)、经营方式；

(8) 注册资金(本)、投资总额、开户银行及账号；

(9) 发证日期、证件有效期限、发放税务机关(盖章)；

(10) 其他有关事项。

5. 开业税务登记程序

(1) 在法定期限内办理开业税务登记；

(2) 纳税人办理税务登记时应提供的证件和资料；

(3) 税务登记表的种类、适用对象；

(4) 税务登记表的受理与审核；

(5) 税务登记证的核发。

(二) 变更税务登记

(1) 纳税人税务登记内容发生变化时向原税务机关申报办理。具体包括改变名称、改变法定代表人、改变登记类型、改变住所和经营地点(不涉及主管税务机关变动的)、改变生产经营方式或经营范围、增减注册资本或投资总额、改变隶属关系、改变生产经营期限、改变或增减

银行账号、改变生产经营权属以及改变其他税务登记内容。

(2) 纳税人已在工商行政管理机关办理变更登记的，应当自工商行政管理机关变更登记之日起 30 日内，持有关证件向原税务登记机关申报办理变更税务登记。

纳税人按规定不需要在工商行政管理机关办理变更登记，或其变更登记的内容与工商登记无关的，应自税务登记内容实际发生变化之日起 30 日内，或自有关机关批准或宣布变更之日起 30 日内，持有关证件到原税务机关申报办理变更税务登记。

(3) 税务机关应当自受理之日起 30 日内，审核办理变更税务登记。

【思考题 3-24】下列情形中，无需办理税务登记的是(　　)。

A. 改变法定代表人　　B. 改变住所或经营地点

C. 发生重大投资损益　　D. 改变隶属关系

(三) 停业、复业登记

(1) 从事生产经营的纳税人，经确定实行定期定额征收方式的，其在营业执照核准的经营期限内需要停业的，应当在停业前向税务机关申报办理停业登记。纳税人的停业期限不得超过 1 年。

(2) 纳税人在申报办理停业登记时，应如实填写停业申请登记表，说明停业理由、停业期限、停业前的纳税情况和发票的领、用、存情况，并结清应纳税款、滞纳金、罚款。税务机关应收存其税务登记证件及副本、发票领购簿、未使用完的发票和其他税务证件。

(3) 停业期间发生纳税义务的，应按规定申报缴纳税款。

(4) 纳税人应于恢复生产经营之前，向税务机关申报办理复业登记，填写“停、复业报告书”。

(5) 纳税人停业期满不能及时恢复生产经营的，应当在停业期满前向税务机关提出延长停业登记申请。纳税人停业期满未按期复业又不申请延长停业的，税务机关应当视为已恢复营业，实施正常的税收征收管理。

(四) 注销税务登记

(1) 纳税人税务登记内容发生根本性变化，需终止履行纳税义务时向原税务机关申报办理。

(2) 需办理注销税务登记的情形有以下内容：

1) 纳税人解散、破产、撤销或终止纳税义务的；

2) 被吊销营业执照或被撤销登记的；

3) 因住所、经营地点变动，涉及改变税务机关的。

(3) 应当在向工商行政管理机关或其他机关办理注销登记前，或自有关机关批准或宣告终止之日起 15 日内或自营业执照被吊销或被撤销之日起 15 日内，持有关证件和资料向原税务登记机关办理注销税务登记。办理注销税务登记前，应结清税款、滞纳金、罚金，缴销发票和税务登记证等。

(五) 外出经营报验登记

(1) 纳税人到外县(市)临时从事生产经营的，应当在外出生产经营以前，持税务登记证到主管税务机关申请开具“外出经营管理证明”。

(2)“外出经营管理证明”实行一地一证原则，有效期限一般为30日，最长不得超过180天。

(3) 外出经营活动结束，纳税人应当向经营地税务机关填报“外出经营活动情况申报表”，并按规定结清税款，缴销未使用完的发票。

二、发票管理

发票是指在购销商品、提供或接受劳务以及从事其他经营活动中，开具、收取用以摘记经济业务活动的收付款凭证。税务机关是发票的主管机关，负责发票印制、领购、开具、取得、保管、缴销的管理和监督。

（一）发票印制管理

增值税专用发票由国务院税务主管部门指定企业印制；其他发票，按照国务院税务主管部门的规定，分别由省、自治区、直辖市国家税务局和地方税务局指定企业印制。

（二）发票的领购

(1) 需要领购发票的单位和个人，应当持税务登记证件、经办人身份证明、按照国务院税务主管部门规定式样制作的发票专用章的印模，向主管税务机关办理发票领购手续。

(2) 主管税务机关根据领购单位和个人的经营范围和规模，确认领购发票的种类、数量以及领购方式，在5个工作日内发给发票领购簿。

(3) 单位和个人领购发票时，应当按照税务机关的规定报告发票使用情况，税务机关应当按照规定进行查验。

（三）发票的种类

1. 增值税专用发票

(1) 增值税专用发票是增值税一般纳税人销售货物或者提供应税劳务开具的发票，是购买方支付增值税额并可按照增值税有关规定据以抵扣增值税进项税额的凭证。

(2) 增值税专用发票只限于增值税一般纳税人领购使用，小规模纳税人、非增值税纳税人和法定情形的一般纳税人不得领购使用。

(3) 增值税专用发票由国家税务总局指定的企业印制。增值税专用发票的票样由国家税务总局统一制定，其他单位和个人不得擅自变更。

(4) 专用发票由基本联次或者基本联次附加其他联次构成，基本联次为三联：发票联、抵扣联和记账联。

(7) 增值税专用发票需经税务机关认证相符后才能作为抵扣凭证。不得抵扣的情形包括：

1) 仅取得发票联或抵扣联；

2) 认证不符、密文有误；

3) 虚开发票；

4) 未按规定开票。

(8) 增值税专用发票实行最高开票限额管理。

(9) 增值税专用发票应当使用防伪税控系统开具。

2．普通发票

(1) 普通发票主要由营业税纳税人和增值税小规模纳税人使用，增值税一般纳税人在不能开具专用发票的情况下也可使用普通发票。

(2) 普通发票由行业发票和专用发票组成。

1) 行业发票适用于某个行业的经营业务，如商业零售统一发票、商业批发统一发票、工业企业产品销售统一发票(发票名称前带行业名称)。

2) 专用发票适用于某一经营项目，如广告费用结算发票、商品房销售发票、电话费专用发票、技术贸易专用发票。

(3) 符合条件企业可以申请印制具名普通发票。

(4) 对无固定经营场地，临时取得应税收入或财务制度不健全的纳税人需要发票的，可以到税务部门办税服务厅申请代开发票。

【思考题 3-25】无固定经营场地，临时取得应税收入的纳税人需要发票的，(　　)。

A. 按规定程序向税务机关临时申购发票

B. 到税务部门办税大厅申请代开发票

C. 请其他有关企业代开发票

D. 向其他单位借用发票

3．专业发票

(1) 专业发票不同于专用发票。专业发票指金融、保险、邮政、电信、交通方面的发票、凭证。

(2) 专业发票不套印发票监制章。

(3) 浙江省已纳入税务机关管理的专业发票有：保险专用发票、金融服务统一发票、邮政业务统一发票、货物运输统一发票。

（四）发票的开具要求

(1) 填开发票的单位和个人必须在发生经营业务确认营业收入时开具发票。未发生经营业务一律不得开具发票。

开具发票后，如发生销货退回需丌红字发票的，必须收回原发票并注明“作废”字样或取得对方有效证明；如发生销售折让的，必须在收回原发票并注明“作废”字样后重新开具销售发票或取得对方有效证明后开具红字发票。

(2) 开具发票时，应按号码顺序填开，填写项目齐全、内容真实、字迹清楚、全部联次一次复写或打印，内容完全一致，并在发票联和抵扣联加盖单位财务印章或者发票专用章。

(3) 填写发票应当使用中文。民族自治地区可以同时使用当地通用的一种民族文字。外商投资企业和外国企业可以同时使用一种外国文字。

(4) 安装税控装置的单位和个人，应当按照规定使用税控装置开具发票，并按期向主管税务机关报送开具发票的数据。

(5) 发票开票时限和地点应符合规定。

(6) 任何单位和个人应当按照发票管理规定使用发票，不得有下列行为：

1) 转借、转让、介绍他人转让发票、发票监制章和发票防伪专用品；

2) 知道或者应当知道是私自印制、伪造、变造、非法取得或者废止的发票而受让、开具、存放、携带、邮寄、运输；

3) 拆本使用发票；

4) 扩大发票使用范围；

5) 以其他凭证代替发票使用。

(7) 任何单位和个人不得转借、转让、代开发票。未经税务机关批准，不得拆本使用发票；不得自行扩大专业发票使用范围。

(8) 已开具的发票存根联和发票登记簿应当保存 5 年。

(9) 发票遗失的，应当于当日书面报告主管税务机关，并登报声明作废。

【思考题 3-26】关于发票的开具要求，下列表述中，正确的是(　　)。

A. 未发生经营业务一律不得开具发票

B. 开具发票时应按号码顺序填开，全部联次一次性复写或打印，并在发票联和抵扣联加盖发票专用章

C. 填写发票应当使用中文

D. 发票开具时限和地点应符合规定

三、纳税申报

纳税申报是指纳税人、扣缴义务人按照法律、行政法规规定，在申报期限内就纳税事项向税务机关提出书面申报的一种法定手续。

（一）纳税申报的对象

纳税义务人必须在法律、行政法规规定或税务机关依法确定的申报期限内办理纳税申报。纳税人在纳税期内没有应纳税款的，也应当按照规定办理纳税申报。纳税人享受减税、免税待遇的，在减税、免税期间应当按照规定办理纳税申报。

【思考题 3-27】纳税人在纳税期间没有应纳税款的(　　)。

A. 应当按规定办理纳税申报

B. 无须办理纳税申报

C. 并入下一纳税期办理纳税申报

D. 由税务部门决定是否需要办理纳税申报

（二）纳税申报的内容

纳税申报表的主要内容包括税种、税目、税率或单位税额、计税依据、扣除项目及标准、应纳税额和税款所属期限等。

纳税人办理纳税申报时，应如实填写纳税申报表，并根据不同情况报送下列有关证件、资料。

(1) 财务会计报表及其说明材料；

(2) 与纳税有关的合同、协议书及凭证；

(3) 税控装置的电子报税资料；

(4) 外出经营活动税收管理证明和异地完税凭证；

(5) 境内或者境外公证机构出具的有关证明件；

(6) 税务机关要求应当报送的其他有关证件、资料。

（三）纳税申报的方式

纳税申报的方式有直接申报、邮寄申报、数据电文申报、简易申报及其他方式。

(1) 直接申报。又叫上门申报，即纳税人、扣缴义务人按照规定期限自行直接到主管税务机关(报税大厅)办理纳税申报手续，是传统的申报方式。

(2) 邮寄申报。是经税务机关批准的纳税人使用统一规定纳税申报特快专递专用信封，通过邮政部门办理交寄手续，并向邮政部门索取收据作为申报凭据的方式。以邮政部门寄出的邮戳日期为实际申报日期。

(3) 数据电文申报。经税务机关确定的电话语音、电子数据交换和网络传输等电子方式等形式办理的纳税申报，要报经税务机关批准才能采用。网上申报是数据电文申报方式的一种形式。

(4) 简易申报。是指实行定期定额的纳税人，经税务机关批准，通过以缴纳税款凭证代替申报或简并征期的一种申报方式。

(5) 其他方式。是指除上述几种申报方式外的符合主管税务机关要求的其他申报方式。

四、税款征收

（一）税款征收的概念

税款征收是税收征收管理工作的中心环节，是全部税收征管工作的目的和归宿。

（二）税款征收的方式

税款征收方式有查账征收、查定征收、查验征收、定期定额征收、代扣代缴、代收代缴、委托代征、邮寄申报纳税、自计自填自缴、自报核缴。

1．查账征收

查账征收是指税务机关对财务健全的纳税人，依据其报送的纳税申报表、财务会计报表和其他有关纳税资料，计算应纳税款，填写缴款书或完税证，由纳税人到银行划解税款的征收方式。适用于经营规模较大、财务会计制度健全，能够如实核算和提供生产经营情况，并正确计算应纳税款的纳税人。

虽然采取查账征收方式的前提是设置账簿，但是并非所有设置了账簿的单位都应采用查账征收方式，如果设置了账簿但是财务会计制度不健全的是不能采取查账征收的。

2．查定征收

查定征收，是指对账务资料不全，但能控制其材料、产量或进销货物的纳税单位或个人，由税务机关依据正常条件下的生产能力对其生产的应税产品查定产量、销售额，然后依照税法规定的税率征收的一种税款征收方式。适用于生产经营规模较小、产品零星、税源分散、会计账册不健全的小型厂矿和作坊。

3. 查验征收

查验征收，是指税务机关对纳税人的应税商品、产品，通过查验数量，按市场一般销售单价计算其销售收入，并据以计算应纳税款的一种征收方式。适用于财务制度不健全，生产经营不固定，零星分散、流动性大的税源。

4. 定期定额征收(个体工商户、个人独资)

税务机关核定纳税人在一定经营时期内的应纳税经营额及收益额，并以此为计税依据确定其应纳税额。这种方式适用于生产经营规模小，又确无建账能力，经主管税务机关审核，县级以上(含县级)税务机关批准可以不设置账簿或暂缓建账的小型纳税人。

5. 代扣代缴——个人所得税

代扣代缴，是指按照税法规定，负有扣缴税款义务的法定义务人，向纳税人支付款项时，从所支付的款项中直接扣收税款的方式。

6. 代收代缴——委托加工应税消费品

代收代缴是指负有代收代缴义务的法定义务人，对纳税人应纳的税款进行代收代缴的方式。

7. 委托代征——车船税

委托代征，是指受托单位按照税务机关核发的代征证书的要求，以税务机关的名义向纳税人征收一些零散税款的一种税款征收方式。

8. 其他征收方式

例如邮寄申报纳税、自计自填自缴、自报核缴方式等。

【思考题 3-28】下列属于我国税款征收方式的有(　　)。

A. 查验征收　　B. 代扣代缴

C. 代收代缴　　D. 委托代征

五、税务代理

(一) 税务代理的概念

税务代理是指税务代理人在国家法律规定的代理范围内，以代理机构的名义，接受纳税人、扣缴义务人的委托，代其办理税务事宜的各项行为的总称。

(二) 税务代理的特点

中介性、法定性、自愿性及公正性。

(三) 税务代理的法定业务范围

(1) 办理税务登记、变更税务登记和注销税务登记手续；

(2) 办理除增值税专用发票外的发票领购手续；

(3) 办理纳税申报或扣缴税款报告；

(4) 办理缴纳税款和申请退税手续；

(5) 制作涉税文书；

(6) 审查纳税情况；

(7) 建账建制，办理账务；

(8) 税务咨询、受聘税务顾问；

(9) 税务行政复议手续；

(10) 国家税务总局规定的其他业务。

六、税收检查及法律责任

(一) 税收检查

1．税收保全措施

税收保全措施是指税务机关为确保税款的征收，所采取的限制纳税人处理或转移商品、货物或其他财产的控制管理措施。

(1) 适用范围。税务机关有根据认为从事生产、经营的纳税人有逃避纳税义务的行为，可以在规定的纳税期限之前责令其限期缴纳税款；在限期内发现纳税人有明显的转移、隐匿其应纳税的商品或财产迹象的，税务机关可责令其提供纳税担保。如果纳税人不能提供纳税担保，经县以上税务局(分局)局长批准，税务机关可以采取税收保全措施。

(2) 适用对象。从事生产、经营的纳税人。

(3) 具体措施。书面通知纳税人开户银行或者其他金融机构冻结纳税人的金额相当于应纳税款的存款；扣押、查封纳税人的价值相当于应纳税款的商品、货物或者其他财产。

(4) 采取税收保全措施不当，或者纳税人在期限内已缴纳税款，税务机关未立即解除税收保全措施，使纳税人的合法利益遭受损失的，税务机关应当承担赔偿责任。

(5) 不适用税收保全的财产。

1) 个人及其所扶养家属维持生活必需的住房和用品，不在税收保全措施范围之内。

2) 生活必需的住房和用品不包括机动车辆、金银饰品、古玩字画、豪华住宅或一处以外的住房。

3) 税务机关对单价 5 000 元以下的其他生活用品，不采取税收保全措施。

2．税收强制执行措施

(1) 适用范围。从事生产、经营的纳税人、扣缴义务人未按照规定的期限缴纳或者解缴税款，纳税担保人未按照规定的期限缴纳所担保的税款，由税务机关责令限期缴纳，逾期仍未缴纳的，经县以上税务局(分局)局长批准，税务机关可以采取强制执行措施。

(2) 适用对象。从事生产、经营的纳税人、扣缴义务人、纳税担保人。

(3) 具体措施。①书面通知其开户银行或者其他金融机构从其存款中扣缴税款；②扣押、查封、依法拍卖或者变卖其价值相当于应纳税款的商品、货物或者其他财产，以拍卖或者变卖所得抵缴税款。

税务机关采取强制执行措施时，对上述纳税人、扣缴义务人、纳税担保人未缴纳的滞纳金同时强制执行。

(4) 不适用税收强制执行措施的财产。①个人及其所扶养家属维持生活必需的住房和用品，不在强制执行措施的范围之内。②税务机关对单价 5 000 元以下的其他生活用品，不采取税收强制执行措施。

【思考题 3-29】根据税收征收管理法律制度的规定，下列各项中，属于税务机关采取的税收强制执行措施有(　　)。

A. 书面通知纳税人开户银行暂停支付纳税人存款

B. 书面通知纳税人开户银行从其存款中扣缴税款

C. 拍卖所扣押的纳税人价值相当于应纳税款的财产，以拍卖所得抵缴税款

D. 扣押纳税人价值相当于应纳税款的财产

(二) 法律责任

税务违法责任，是指税务法律关系中的主体由于其行为违法，按照法律规定必须承担的消极法律后果。税收违法行为承担的法律责任形式包括行政法律责任和刑事法律责任两大类。

1. 税务违法行政处罚

行政处罚，是指国家行政机关及法定授权组织依法对违反法律规范，尚未构成犯罪的公民、法人和其他组织所给予的行政法律制裁。涉及税务领域的具体行政处罚种类主要有以下几种：

(1) 责令限期改正。主要适用于情节轻微或尚未构成实际危害后果的违法行为，是一种较轻的处罚形式，既可以起到教育的作用，又具有一定的处罚作用。

(2) 罚款。是对违反税收法律法规，不履行法定义务的当事人的一种经济上的处罚。是税务行政处罚中应用最广的一种。

(3) 没收财产。是对行政管理相对一方当事人的财产权予以剥夺的处罚。

(4) 收缴未用发票和暂停供应发票。

(5) 停止出口退税权。

2. 税务违法刑事处罚

刑事处罚，是指犯罪行为应当承担的法律责任，即由人民法院依照《中华人民共和国刑法》(以下简称《刑法》)等法律规定，追究犯罪分子刑罚的法律责任。根据《刑法》规定，刑罚分为主刑和附加刑。主刑包括管制、拘役、有期徒刑、无期徒刑和死刑。附加型包括罚金、剥夺政治权利、没收财产。对犯罪的外国人，可驱逐出境。

根据《中华人民共和国税收征收管理法》(以下简称《税收征收管理法》)规定，有情节严重的下列行为，构成犯罪的，应当追究刑事责任：

(1) 纳税人伪造、变造、隐匿、擅自销毁账簿及记账凭证，或者在账簿上多列支出或者不列、少列收入，或者经税务机关通知申报而拒不申报或者进行虚假的纳税申报，不缴或者少缴应纳税款的。

(2) 纳税人欠缴应纳税款，采取转移或者隐匿财产的手段，妨碍税务机关追缴欠缴的税款的。

(3) 以假报出口或者其他欺骗手段，骗取国家出口退税款的。

(4) 以暴力、威胁方法拒不缴纳税款的。

(5) 非法印制发票的。

(6) 未经税务机关依法委托征收税款，致使他人合法权益受到严重损失的。

(7) 税务人员徇私舞弊，对依法应当移交司法机关追究刑事责任的不移交。

(8) 税务人员与纳税人、扣缴义务人勾结，唆使或者协助纳税人、扣缴义务人偷逃税款行为的。

3．税务行政复议

税务行政复议是指当事人(纳税人、扣缴义务人、纳税担保人及其他税务当事人)不服税务机关及其工作人员做出的税务具体行政行为，依法向上一级税务机关(复议机关)提出申请，复议机关经审理对原税务机关具体行政行为依法做出维持、变更、撤销等决定的活动。

(1) 税务行政复议的受案范围。税务行政复议的受案范围，是指法律、法规、规章确定的税务机关受理复议案件的范围。

复议机关受理申请人对下列税务具体行政行为不服而提出的行政复议申请：

1) 征税行为，包括确认纳税主体、征税对象、征税范围、减税、免税、退税、抵扣税款、适用税率、计税依据、纳税环节、纳税期限、纳税地点和税款征收方式等具体行政行为，征收税款、加收滞纳金，扣缴义务人、受税务机关委托的单位和个人做出的代扣代缴、代收代缴、代征行为等。

2) 行政许可、行政审批行为。

3) 发票管理行为，包括发售、收缴、代开发票等。

4) 税收保全措施、强制执行措施。

5) 行政处罚行为，包括罚款，没收财物和违法所得及停止出口退税权。

6) 不依法履行职责的行为，包括颁发税务登记，开具、出具完税凭证、外出经营活动税收管理证明，行政赔偿，行政奖励，其他不依法履行职责的行为。

7) 资格认定行为。

8) 不依法确认纳税担保行为。

9) 政府信息公开工作中的具体行政行为。

10) 纳税信用等级评定行为。

11) 通知出入境管理机关阻止出境行为。

12) 其他具体行政行为。

申请人对上述“1)征税行为”规定的具体行为不服的，应当先向行政复议机关申请行政复议；对行政复议决定不服的，可以向人民法院提起行政诉讼。(必经复议)

申请人对上述除“1)征税行为”规定的行为以外的其他具体行政行为不服，可以申请行政复议，也可以直接向人民法院提起行政诉讼。(选择复议)

(2) 行政复议机关。行政复议机关是指依照法律规定，有权受理行政复议申诉，依法对被诉的具体行政行为进行合法性、适当性审查并做出决定的行政机关。税务行政复议机关的选择有以下几种情况。

1) 申请人对各级国家税务局的具体行政行为不服的，向其上一级国家税务局申请行政复议；对各级地方税务局的具体行政行为不服的，可以选择向其上一级地方税务局或者该税务局的本级人民政府申请行政复议。

2) 对国家税务总局作出的具体行政行为不服的，可以向国家税务总局申请行政复议。

3) 对行政复议决定不服的，可以向人民法院提起行政诉讼，也可以向国务院申请裁决，国务院的裁决为终局裁决。

习　题

一、单项选择题

1．下列各项中，属于税收法律关系客体的是(　　)。

A．纳税人　　B．税率

C．课税对象　　D．纳税义务

2．税收法律制度的核心要素是(　　)。

A．课税对象　　B．税收优惠

C．税率　　D．计税依据

3．下列各项中，属于税收法律关系客体的是(　　)。

A．征税人　　B．课税对象

C．纳税人　　D．纳税义务

4．下列各项中不属于税收作用的是(　　)。

A．实现国家职能　　B．稳定经济

C．收入再分配　　D．配置资源

5．税收部门规章是由(　　)审议通过的。

A．全国人民代表大会　　B．国家税务总局

C．国务院　　D．全国人大常委会

6．《个人所得税法》是由(　　)制定颁布实施的。

A．全国人民代表大会　　B．人大授权国务院

C．国务院　　D．财政部

7．我国税法构成要素中，能够区别不同类型税种的主要标志是(　　)

A．纳税人　　B．征税对象

C．税率　　D．纳税期限

8．流转税是以商品生产、商品流通和劳务服务的流转额为征税对象的税收种类。下列各项中，不属于流转税的有(　　)

A．增值税　　B．消费税

C．营业税　　D．土地增值税

9．我国的营业税相关法律规定，营业额达到或者超过一定标准的照章全额计算纳税，营

业额低于该标准的则免予征收营业税，这种减免税方式称为(　　)，属于(　　)。

A. 免征额　税基式减免　　B. 起征点　税额式减
C. 项目扣除　税额式减免　　D. 起征点　税基式减免

10. 我国个人所得税中的工资薪金所得采取的税率形式属于(　　)。

A. 比例税率　　B. 全额累进税率
C. 超率累进税率　　D. 超额累进税率

11. 通过直接缩小计税依据的方式实现的减税免税是(　　)。

A. 税基式减免　　B. 税率式减免
C. 税额式减免　　D. 法定式减免

12. 我国个人所得税的计算中，按税法规定，可以按扣除3 500元后的金额计算应纳税额，该3 500元指的是(　　)。

A. 起征点　　B. 免征额
C. 税率式减免　　D. 税额式减免

13. 某工业企业为增值税一般纳税人，2013年1月生产销售一批货物，不含税价款为200万元，另外以折扣销售方式销售货物，取得不含税价款76万元(已经扣除折扣额4万元，在同一张发票中反映)，销售的货物均已发出。当月购进一批材料，取得增值税专用发票上注明价款为200万元，增值税进项税额为34万元，发票已通过认证。则当月该企业应纳增值税额为(　　)万元。

A. 47.6　　B. 13.6
C. 46.92　　D. 12.92

14. 下列不属于消费税税目的是(　　)。

A. 小汽车　　B. 摩托车
C. 游艇　　D. 飞机

15. 下列各项中，不属于营业税纳税人的是(　　)。

A. 销售小汽车的销售公司　　B. 提供交通运输业的运输公司
C. 提供娱乐服务的俱乐部　　D. 提供邮政服务的邮电局

16. 下列各项中，准予在企业所得税前扣除的有(　　)。

A. 增值税　　B. 税收滞纳金
C. 非广告性赞助支出　　D. 销售成本

17. 根据《企业所得税法》的规定，企业所得税的征收办法是(　　)。

A. 按月征收　　B. 按季计征，分月预缴
C. 按季征收　　D. 按年计征，分月或分季预缴

18. 企业按月或按季预缴企业所得税的，应当自月份或者季度终了之日起(　　)日内，向税务机关报送预缴企业所得税纳税申报表，预缴税款。

A. 5　　B. 7
C. 10　　D. 15

19. 下列各项中，属于个人所得税居民纳税人的是(　　)。

A. 在中国境内无住所，居住也不满一年的个人

B. 在中国境内无住所且不居住的个人

C. 在中国境内无住所，而在境内居住超过 6 个月不满 1 年的个人

D. 在中国境内有住所的个人

20. 某大学于教授受某企业邀请，为该企业中层干部进行管理培训讲座，从企业取得报酬 5 000 元。该笔报酬在缴纳个人所得税时适用的税目是(　　)。

A. 工资薪金所得　　B. 劳务报酬所得

C. 稿酬所得　　D. 偶然所得

21. 实行定期定额征收方式的个体工商户，需要停业的，应当在停业前办理停业登记，纳税人的停业期限不得超过(　　)。

A. 6 个月　　B. 1 年

C. 2 年　　D. 3 个月

22. 下列有关增值税专用发票的表述中，不正确的是(　　)。

A. 增值税专用发票是指专门用于结算销售货物和提供加工、修理修配劳务使用的一种发票

B. 只有经国家税务机关认定为增值税一般纳税人的才能领购增值税专用发票，小规模纳税人和法定情形的一般纳税人不得领购使用

C. 增值税专用发票由省、自治区、直辖市税务机关指定的企业统一印刷

D. 增值税专用发票应当使用防伪税控系统开具

23. 在纳税申报的方式中，有一种申报方式具有准确、快捷、方便等特点，已经愈来愈受到人们的重视，这种纳税申报方式是(　　)。

A. 数据电文申报　　B. 邮寄申报

C. 直接申报　　D. 简易申报

24. 下列关于税款征收方式的说法中，错误的是(　　)。

A. 查账征收适用于掌握税收法律法规，账簿、凭证、财务会计制度比较健全，能够如实反映生产经营成果，正确计算应纳税款的纳税人

B. 由税务机关对纳税申报人的应税产品进行查验后征税，并贴上完税凭证、查验证或盖查验戳的征收方式为查验征收

C. 生产经营规模小，确无建账能力，经县级税务机关批准可以不设置账簿或暂缓建账的小型纳税人适用定期定额征收方式

D. 负有扣缴税款义务的法定义务人，向纳税人收取款项时，同时收缴税款的方式称为代扣代缴

25. 下列各项中，不属于刑事处罚的是(　　)。

A. 管制　　B. 罚金

C. 剥夺政治权利　　D. 罚款

26. 境外企业在中国境内承包建筑工程和提供劳务时，应当自项目合同签订之日起(　　)内，向项目所在地税务机关申报办理税务登记。

A. 10 日　　B. 15 日

C. 30 日　　D. 60 日

27．纳税人税务登记内容发生变化的，应当向(　　)申报办理变更税务登记。

A．地(市)级税务机关　　B．县(市)级税务机关

C．原税务登记机关　　D．原工商登记机关

28．飞腾公司2013年度实现利润总额为320万元，无其他纳税调整事项。经税务机关核实的2012年度亏损额为300万元。该公司2013年度应缴纳的企业所得税税额为(　　)万元。

A．105.6　　B．5

C．5.4　　D．3.6

29．下列各项，适用3%营业税税率的是(　　)。

A．金融保险业　　B．服务业

C．建筑业　　D．娱乐业

30．某建筑企业2013年1月份提供一项建筑工程劳务，取得劳务价款5 000万元，支付职工工资等支出1 000万元。则该企业当月应缴纳的营业税为(　　)万元。

A．120　　B．150

C．200　　D．250

31．下列各项中，按从价从量复合计征消费税的是(　　)。

A．汽车轮胎　　B．化妆品

C．白酒　　D．珠宝玉石

32．某酒厂为一般纳税人。3月份向一小规模纳税人销售白酒，开具普通发票上注明含税金额为93 600元；同时收取包装物押金2 000元，此业务酒厂应计算的销项税额为(　　)元。

A．13 600　　B．13 890.60

C．15 011.32　　D．15 301.92

33．按照对外购固定资产价值的处理方式，可以将增值税划分为不同类型。2009年1月1日起，我国增值税实行(　　)。

A．消费型增值税　　B．收入型增值税

C．生产型增值税　　D．实耗型增值税

34．下列各项中属于税收程序法的是(　　)。

A．《消费税暂行条例》

B．《个人所得税法》

C．《税收征收管理法》

D．《企业所得税法》

35．按照税收的征收权限和收入支配权限分类，可以将我国税种分为中央税、地方税和中央地方共享税。下列各项中，属于地方税的是(　　)。

A．增值税　　B．土地增值税

C．企业所得税　　D．资源税

36．下列各项中，不属于税收特征的有(　　)。

A．强制性　　B．分配性

C．无偿性　　D．固定性

37．我国消费税对不同应税消费品采用了不同的税率形式。下列应税消费品中，适用复合计税方法计征消费税的是(　　)。

A．粮食白酒　　B．酒精

C．成品油　　D．摩托车

38．根据企业所得税法律制度的规定，下列各项中，不属于企业所得税纳税人的是(　　)。

A．股份有限公司　　B．合伙企业、个人独资企业

C．联营企业　　D．出版社

39．某画家2013年9月将其精选的书画作品交由某出版社出版，从出版社取得报酬80 000元。该笔报酬在缴纳个人所得税时适用的税目是(　　)。

A．工资薪金所得　　B．劳务报酬所得

C．稿酬所得　　D．特许权使用费所得

40．纳税人销售货物或者应税劳务适用免税规定的，可以放弃免税，依照条例的规定缴纳增值税。放弃免税后，(　　)内不得再申请免税。

A．6个月　　B．12个月

C．24个月　　D．36个月

41．关于消费税纳税义务的发生时间，下列表述不正确的是(　　)。

A．纳税人销售应税消费品采取预收货款结算方式的，为发出应税消费品的当天

B．纳税人自产自用应税消费品的，为生产出应税消费品的当天

C．纳税人委托加工应税消费品的，为纳税人提货的当天

D．纳税人进口应税消费品的，为报关进口的当天

42．企业发生的公益性捐赠支出，在年度利润总额(　　)以内的部分，准予在计算企业应纳税所得额时扣除。

A．12%　　B．5%

C．15%　　D．20%

43．增值税一般纳税人销售货物或者提供应税劳务，采用销售额和销项税额合并定价方法的，其计算销售额的公式是(　　)。

A．销售额＝含税销售额÷(1+税率)　　B．销售额＝不含税销售额÷(1+税率)

C．销售额＝含税销售额÷(1−税率)　　D．销售额＝不含税销售额÷(1−税率)

44．根据《税收征收管理法》规定，属于纳税人权利的事项是(　　)。

A．依法办理税务登记　　B．依法办理税务申报

C．依法缴纳税款　　D．依法书面申请减免税

二、多项选择题

1．在下列税种中，属于行为税类的有(　　)。

A．印花税　　B．增值税

C．车辆购置税　　D．城镇土地使用税

2．下列属于税收的作用的有(　　)。

A．是国际经济交往中维护国家利益的可靠保证　　B．国家调控经济运行的重要手段

C．税收是国家组织财政收入的主要形式　　D．具有维护国家政权的作用

3．下列各项中属于税收程序法的有(　　)。

A．《中华人民共和国海关法》　　B．《个人所得税法》

C．《税收征收管理法》　　D．《进出口关税条例》

4．累进税率是根据征税对象数额的大小不同，规定不同等级的税率，它可分为(　　)。

A．全额累进税率　　B．超额累进税率

C．全率累进税率　　D．超率累进税率

5．甲公司外购一批货物 5 000 元，取得增值税专用发票，委托乙公司加工，支付加工费 1 000 元，并取得乙公司开具的增值税专用发票。货物加工好收回后，甲公司将这批货物直接对外销售，开出的增值税专用发票上注明的价款为 8 000 元。根据以上所述，以下各种说法正确的有(　　)。

A．甲应当缴纳增值税 340 元　　B．乙应该缴纳增值税 170 元

C．甲应当缴纳增值税 510 元　　D．乙不须缴纳增值税

6．下列各项中，实行从量定额征收消费税的应税消费品有(　　)。

A．啤酒　　B．实木地板

C．卷烟　　D．黄酒

7．营业税按行业实行有差别的比例税率，其中适用 5%营业税税率的有(　　)。

A．文化体育业　　B．金融保险业

C．交通运输业　　D．销售不动产

8．根据企业所得税法律制度的规定，下列各项中，属于免税收入的是(　　)。

A．国债利息收入

B．财政拨款

C．符合规定条件的居民企业之间的股息、红利等权益性投资收益

D．接受捐赠的收入

9．根据个人所得税法律制度的规定，可以将个人所得税的纳税义务人区分为居民纳税义务人和非居民纳税义务人，依据的标准有(　　)。

A．境内有无住所　　B．境内工作时间

C．取得收入的工作地　　D．境内居住时间

10．下列各项中属于需办理注销税务登记的情形有(　　)。

A．企业破产终止纳税义务的　　B．被吊销营业执照的

C．企业名称发生改变的　　D．经营地点变动改变税务机关的

11．下列各项关于发票开具要求的表述中，正确的是(　　)。

A．未发生经营业务一律不得开具发票

B．发票联和抵扣联盖单位财务印章或发票专用章

C．填写发票可使用外文

D．可自行拆本使用发票

12．税款征收方式的其他征收方式包括(　　)。

A．邮寄申报纳税　　B．自计自填自缴

C．自报核缴　　D．查验征收

13．下列各项中，属于税务代理的特点的有(　　)。

A．公正性　　B．中介性

C．法定性　　D．强制性

14．下列各项中，属于税务代理的法定业务的有(　　)。

A．办理税务登记　　B．办理发票领购手续

C．制作涉税文书　　D．提供审计报告

15．下列各项中，属于税务检查的形式的有(　　)。

A．重点检查　　B．分类计划检查

C．集中性检查　　D．专项检查

16．税收具有(　　)特征。

A．无偿性　　B．收益性

C．强制性　　D．固定性

17．下列各项中属于税收原则的有(　　)。

A．平等原则　　B．公平原则

C．效率原则　　D．无偿原则

18．我国税收法律关系中的征税主体是(　　)。

A．税务机关　　B．税务师事务所

C．海关　　D．审计机关

19．减税免税是国家对(　　)给予鼓励和照顾的一种特殊规定。

A．纳税环节　　B．课税对象

C．税率　　D．纳税人

20.在下列税种中，(　　)是我国现行的税种。

A．国有企业所得税　　B．车辆购置税

C．车船税　　D．产品税

21．在我国现行税制中，对部分税种实行起征点的减免税优惠制度。下列税种中，规定了起征点的有(　　)。

A．增值税　　B．营业税

C．消费税　　D．个人所得税

22．实行比例税率的税种有(　　)。

A．个人所得税　　B．营业税

C．车船税　　D．企业所得税

23．下列关于发票的开具要求的表述错误的有(　　)。

A．未发生经营业务不得开具发票

B．开具发票时应按号顺序填开

C．所有发票使用者填写发票都必须使用中文

D．发票开具时限可以根据需要进行调整

24．下列关于设立税务登记的说法中，正确的有(　　)。

A．从事生产、经营的纳税人未办理工商营业执照但经有关部门批准设立的，应当自有关部门批准设立之日起30日内申报办理税务登记，税务机关核发税务登记证及副本。

B．从事生产、经营的纳税人未办理工商营业执照也未经有关部门批准设立的，应当自纳税义务发生之日起30日内申报办理税务登记，税务机关核发临时税务登记证及副本。

C．境外企业在中国境内承包建筑、安装、装配、勘探工程和提供劳务的，应当自项目合同或协议签订之日起30日内，向项目所在地税务机关申报办理税务登记，税务机关核发临时税务登记证及副本。

D．已办理税务登记的扣缴义务人应当自扣缴义务发生之日起30日内，向税务登记地税务机关申报办理扣缴税款登记，税务机关核发扣缴税款登记证件。

25．下列应当办理开业税务登记的有(　　)。

A．工商局　　B．个体工商户

C．某公司在上海的分公司　　D．企业在外地设立的分支机构

26．根据企业所得税法律制度的规定，下列各项中，属于免税收入的是(　　)。

A．国债利息收入

B．财政拨款

C．符合规定条件的居民企业之间的股息、红利等权益性投资收益

D．接受捐赠的收入

27．根据个人所得税的规定，以下各项所得适用累进税率形式的有(　　)。

A．工资薪金所得　　B．个体工商户生产经营所得

C．财产转让所得　　D．承包承租经营所得

28．下列各项个人所得中，可以直接免征个人所得税的是(　　)。

A．残疾、孤老人员和烈属的所得　　B．保险赔款

C．军人的转业费　　D．国债利息

29．下列各项中，应计入增值税的应税销售额的有(　　)。

A．向购买者收取的包装物租金

B．向购买者收取的销项税额

C．因销售货物向购买者收取的手续费

D．因销售货物向购买者收取的代收款项

30．按照主权国家行使税收管辖权的不同，可将税法分为(　　)。

A．国内税法　　B．国际税法

C．外国税法　　D．通用税法

三、判断

1．在华的外国企业、组织、外籍人、无国籍人等，凡在中国境内有收入来源的，都是我国税收法律关系的纳税主体。　　(　　)

2．我国现行税收实体法体系的24个税种，普遍适用于中、外资单位和个人。　　(　　)

3．税收法律关系的权利主体是指代表国家行使征税职责的税务机关或财政机关。　　(　　)

4．税目是税法中具体规定应当征税的项目，是课税对象的具体化，因此对于所有的税种

均要规定税目。 ( )

5. 起征点是指征税对象达到一定数额才开始征税的界限，征税对象的数额达到规定数额的，只对其超过起征点部分的数额征税。 ( )

6. 纳税期限就是纳税义务发生时间。 ( )

7. 企业所得税有关法律规定，企业当年发生的经营亏损，可以用以后5年内的所得进行弥补，该种减免税形式属于跨期结转。 ( )

8. 课税对象是区别不同税种的重要标志，因此，课税对象是税收法律制度中的核心要素。 ( )

9. 超率累进税率是按课税对象的某种比例来划分不同的部分，并规定相应的税率，我国的土地增值税就是采用这种税率。 ( )

10. 根据管理和使用权限分类，我国的个人所得税属于地方税。 ( )

11. 纳税人和扣缴义务人都是实际承担税负的单位或者个人。 ( )

12. 增值税、消费税、营业税都属于流转税，也都属于中央与地方共享税。 ( )

13. 比例税率即征税对象数额越大，税率越高。 ( )

14. 纳税人发生解散、破产、撤销以及其他情形，依法终止纳税义务的，应当先向工商行政管理机关办理注销登记，然后向原税务登记管理机关申报办理注销税务登记。 ( )

15. 增值税发票由省、自治区、直辖市地方税务局指定企业印制。 ( )

16. 纳税人欠缴的税款发生在纳税人以其财产设定抵押之前的，税收应当优先于抵押权执行。 ( )

17. 对偷税行为加收滞纳金，应自税款当期应纳之日起至实际缴纳之日止。 ( )

18. 纳税人分立时未缴清税款的，分立后的纳税人对未履行的纳税义务应当承担连带责任。 ( )

19. .纳税人因有特殊困难，不能按期缴纳税款的，经县级以上国家税务局、地方税务局批准，可以延期缴纳税款，但是最长不得超过3个月。 ( )

20. 税收保全措施是税收强制执行措施的必要前提，税收强制执行措施是税收保全措施的必然结果。 ( )

21 因纳税人、扣缴义务人计算错误等失误，未缴或少缴税款的，税务机关可以在3年内追征，在特别情况下，追征期可以延长到20年。 ( )

22. 抗税罪犯主体是法律规定有纳税义务和扣缴义务的一切单位和个人。 ( )

23. 纳税人停业期满未能按期复业又不办理延长停业的，税务机关视为恢复营业，实施正常的税收征收管理。 ( )

24. 税务机关派出的人员进行税务检查时，应当出示税务检查证件和税务检查通知书。无税务检查证和税务检查通知书的，纳税人、扣缴义务人及其他当事人有权拒绝检查。 ( )

25. 欠缴税款的纳税人需要出境的，应当在出境前向税务机关结清应纳税款或者提供担保。未结清税款，又不提供担保的，税务机关可以通知出境管理机关阻止其出境。 ( )

四、计算题

1. 某市造纸厂为增值税一般纳税人，2012 年 6 月的购销情况如下:

(1) 填开增值税专用发票销售应税货物，销售收入达到 879 000 元；

(2) 填开一般发票销售应税货物，销售收入 42 120 元；

(3) 购进生产用原料的免税农业产品，买价 620 700 元；

(4) 购进辅助材料 128 000 元，增值税专用发票注明税额 21 760 元；

(5) 支付电费 25 000 元，增值税专用发票注明税额 4 250 元，其中生活用电费 5 000 元；

(6) 支付生产用水费 70 000 元，增值税专用发票注明税额 4 200 元。

根据题意计算当期应纳的增值税额。

2. 某一般纳税企业，2013 年 4 月份有未抵扣完的进项税 10 万元，5 月发生如下经济业务：

(1) 销售 A 产品，不含税销售额为 80 万元，B 产品的不含税销售额为 100 万元，为了促销，给予 B 产品购买方折扣额 10 万元并另开折扣发票；

(2) 当月用于职工福利的产品计税价 10 万元，用于非应税项目的产品计税价 12 万元；

(3) 当月另购进一批用于免税项目材料，取得增值税专用发票注明的增值税为 5. 1 万元；

(4) 从小规模纳税人处购入材料一批，取得普通发票注明价格为 5 万元；

(5) 销售给小规模纳税人产品一批，开具普通发票注明含税价为 23 400 元；

(6) 购入一台机器，价格 4 万元，取得增值税专用发票注明税款 6 800 元；

(7) 当月购入原材料 50 万元，取得增值税专用发票注明税款 8. 5 万元。

要求：计算进项税和销项税额以及应纳增值税。

3. 某化妆品厂受托加工一批化妆品，委托方提供原材料成本 300 000 元。该厂收取加工费 100 000 元、代垫辅助材料款 25 000 元，该厂没有同类化妆品销售价格，计算该厂应代收代缴消费税。

4. 某卷烟厂 2013 年 7 月研发生产一种新型卷烟，当月生产 20 箱作为礼品样品用于市场推广，没有同类售价，已知成本为 50 万元，卷烟的成本利润率 10%，经税务机关批准，卷烟适用的税率为 56%，计算该厂应纳消费税。

5. 某建筑公司在城市承包一项建筑工程，总价款 900 万元，将其中安装工程转包给一装饰公司，价款 220 万元，根据营业税相关规定，计算当期应纳营业税税额和建筑公司应代扣的营业税额。

6. 某宾馆某月取得客房收入 100 万元，发生的服务成本为 30 元，则宾馆应纳的营业税为多少？

7. 某企业 2013 年全年销售产品收入 1 200 万元，提供劳务取得的收入 50 万元，取得租金收入 90 万元，取得国债利息收入 5 万元，取得另一居民企业的权益性股息收益 30 万元，准予扣除的成本为 720 万元，缴纳的增值税额 10 万元，企业所得税为 50 万元，营业税额 6. 5 万元，缴纳的城市维护建设税和教育费附加 1.9 万元，预缴的所得税额 100 万元，其他可扣除的费用和损失为 36. 6 万元，企业所得税税率为 25%。

要求：计算企业所得税以及应补交税额。

8. 中国公民 2013 年 1 月取得工资薪金收入 7 000 元，取得稿酬收入 6 000 元，出租一处房屋取得当月租金 2 000 元，计算该公民当月应纳个人所得税额为多少？

五、综合题

1．甲卷烟厂主要生产××牌卷烟，2013 年 8 月发生如下业务：

(1) 8 月 5 日购买一批烟叶，取得增值税专用发票注明的价款为 10 万元，税款 1.3 万元。

(2) 8 月 15 日，将 8 月 5 日购进的烟叶发往乙烟厂，委托乙烟厂加工烟丝，收到的专用发票注明的支付加工费 4 万元，税款 0.68 万元。

(3) 收回烟丝后领取一半用于卷烟生产，另一半直接出售，取得价款 18 万元，税款 3. 06 万元。

(4) 8 月 16 日，销售××牌卷烟 100 箱(标准箱，下同)，每箱不含税售价 1.5 万元，款项存入银行。

(5) 8 月 23 日，销售××牌卷烟 200 箱，每箱不含税售价 1.26 万元，款项存入银行。

注：乙烟厂无同类烟丝销售价格，国家税务总局核定的××牌卷烟计税调拨价格为每标准箱 1.3 万元。

要求：计算该烟厂当月应纳消费税和增值税。

2．某生产企业为增值税一般纳税人，2013 年 5 月发生下列经济业务：

(1) 销售 A 产品取得不含增值税销售额为 80 万元。

(2) 销售 B 产品的销售额为 100 万元(不含税)，为了促销，给予购买方折扣额 10 万元，向购买方另开发票。

(3) 当月用于职工福利的 A 产品计税价 10 万元，用于非应税项目的 B 产品计税价格 15 万元。

(4) 当月购进原材料 100 万，取得防伪税控开具的增值税专用发票上注明的增值税 17 万，货款已经全部支付，但当月验收入库的原材料价款是 80 万。

(5) 当月另购进用于免税项目的一批原材料，取得防伪税控开具的增值税专用发票上注明的增值税为 5. 1 万。

(6) 除有特殊注明外，当月可抵扣的增值税专用发票均在当月通过认证。

根据题意回答下列问题：

(1) 根据我国相关规定，有关上述资料说法正确的是(　　　)。

A．销售 B 产品时，给予购买方的折扣额 10 万元，因向购买方另开发票，计算销售额时不允许扣除

B．当月用于职工福利的 A 产品和用于非应税项目的 B 产品均为视同销售项目

C．当月购进原材料 100 万，虽然取得防伪税控开具的增值税专用发票上注明的增值税 17 万，但当月验收入库的原材料价款是 80 万，因此当月只能抵扣 13. 6 万元

D．当月购进用于免税项目的原材料，因取得防伪税控开具的增值税专用发票，因此可以抵扣

(2) 企业当期有关增值税计算，下列正确的是(　　　)。

A．当期可抵扣的进项税额为 22. 1 万元　　B．当期可抵扣的进项税额为 17 万元

C．当期销项税额为 34. 85 万元　　D．当期销项税额为 32. 64 万元

(3) 企业如果期初无留抵税额，则当期应纳增值税额为(　　　)。

A．12.75万元　　B．14.45万元

C．17.85万元　　D．17.34万元

(4) 企业如果期初有留抵税额为2.84万元，则当期应纳增值税额为(　　)。

A．9.91万元　　B．11.61万元

C．14.6万元　　D．15.01万元

3．某公司2013年2月发生如下业务：

(1) 公司广告部当月取得广告业务收入400万元，支付给其他单位广告制作费60万元，支付给电视台广告发布费100万元。

(2) 公司向A建筑工程公司转让闲置办公用房一幢(购置原价700万元)，取得转让收入1 300万元。

(3) 公司下属非独立核算酒楼营业收入105万元，其中包间餐饮收入55万元(均设有卡拉OK设备，为顾客提供餐饮娱乐服务)。

要求：计算该公司2013年2月应纳的营业税。

4．某企业2013年实现销售收入为3 000万元，取得租金收入50万元；销售成本、销售费用、管理费用共计2 800万元(全部允许所得税前扣除)；“营业外支出”账户列支35万元，其中：通过希望工程基金委员会向某灾区捐款10万元，直接向某困难地区捐赠5万元，非广告性赞助支出20万元。当年已预交所得税40万元。使用所得税率为25%。

要求：根据资料，回答下列问题：

(1) 在计算应交企业所得税时，不能在所得税前扣除的项目有(　　)。

A．通过希望工程基金委员会向灾区捐款　　B．直接向某困难地区捐款

C．非广告性赞助支出　　D．已预交所得税

(2) 关于应纳税所得额的计算，以下说法正确的是(　　)。

A．2013年利润总额为215万元

B．2013年利润总额为175万元

C．2013年公益性捐赠，允许税前扣除限额10万元

D．2013年公益性捐赠，允许税前扣除限额15万元

(3) 2013年应纳税所得额为(　　)万元。

A．240　　B．224.2

C．235　　D．215

(4) 2013年应交所得税(　　)万元。

A．60　　B．56.05

C．58.75　　D．53.75

(5) 关于汇算清缴，以下说法中错误的是(　　)。

A．2013年应补缴所得税20万元　　B．2013年应退所得税16.05万元

C．2013年应补交所得税18.75万元　　D．2013年应退所得税13.75万元

5．中国公民李某为一文工团演员，2012年全年收入情况如下：

(1) 每月工资收入4 500元，12月份取得年终奖18 000元；

(2) 每月均赴郊县参加乡村文向义演出一次，每次收入5 000元，每次均通过当地教育局

向农村义务教育捐款 2 000 元；

(3) 在 A 国讲学一次取得收入 20 000 元，按该国税法规定缴纳个人所得税 4 000 元；

(4) 在 B 国出版自传作品一部，取的稿酬 100 000 元，已按该国税法规定缴纳个人所得税 12 000 元；

(5) 国内某报刊连载其自传作品，付给稿酬 5 000 元；

(6) 当年购买国库券取得利息收入 3 000 元，储蓄存款利息收入 800 元；

(7) 出租自有住房每月租金收入 2 500 元。

分项计算李某 2012 年应缴纳的个人所得税？

六、案例分析

1. 某税务所 2012 年 10 月 20 日接到群众举报，辖区内某厂开业近 2 个月尚未办理税务登记。10 月 21 日，该税务所对该厂进行税务检查。经查，该厂 2012 年 8 月 24 日办理工商营业执照，8 月 26 日正式投产，没有办理税务登记。根据检查情况，税务所于 10 月 22 日做出责令该厂于 10 月 28 日前办理税务登记并处以 800 元罚款的决定。

问：本处理决定是否合法？为什么？

2. 某市甲公司于 2012 年 3 月 1 日丢失一本普通发票。该公司于 3 月 10 日到主管税务机关递交了发票遗失书面报告，并在该市报纸上公开声明作废。同年 4 月 5 日，市税务机关在对甲公司进行检查时，发现该公司存在如下问题：

(1) 未按规定建立发票保管制度；

(2) 将 2002 年度开具的发票存根联销毁；

(3) 有两张已作账务处理的发票票物不符。

税务机关在对相关发票进行拍照和复印时，该公司以商业机密为由拒绝。经税务机关核实，甲公司通过销毁发票存根联、开具票物不符等手段，共少缴税款 30 万元(占应纳税额的 20%)。

根据以上情况，市税务机关除责令其限期补缴少缴的税款 30 万元之外，还依法对其进行了相应的处罚。

甲公司一直拖延缴纳税款，市税务机关在多次催缴无效的情况下，经局长批准于 6 月 18 日查封了甲公司的一处房产，准备以拍卖所得抵缴税款。

甲公司认为该房产已于 4 月 22 日办理抵押给乙公司作为合同担保，并依法办理了抵押物登记，税务机关无权查封该房产。据此，甲公司向上级税务机关提出行政复议。

要求：根据税收征收管理法律制度的规定，回答下列问题：

(1) 甲公司丢失发票的补救措施是否有不符合法律规定之处？说明理由。

(2) 甲公司拒绝税务机关对相关发票进行拍照和复印是否符合法律规定？说明理由。

(3) 甲公司少缴税款 30 万元属于何种行为？是否构成犯罪？

(4) 税务机关在甲公司拖延缴纳税款，经多次催缴无效的情况下，是否可以查封其财产，以拍卖所得抵缴税款？说明理由。

(5) 甲公司认为其房产已抵押，税务机关无权查封其房产的观点是否符合法律规定？说明理由。

第四章　财政法规制度

✍学习窗

⊙　掌握预算法律制度。包括理解国家预算、预算管理的职权、预算收入和预算支出、预算组织程序、决算、预决算的监督；正确编制单位预、决算方案。

⊙　掌握政府采购法律制度。包括理解政府采购法律制度的构成、政府采购的概念、政府采购的原则、政府采购的功能、政府采购的执行模式、政府采购当事人、政府采购方式、政府采购的监督检查；按照要求编制单位政府采购物品的采购方案，掌握政府采购程序。

⊙　掌握国库集中收付制度。包括理解国库集中收付制度、国库单一账户体系、财政收入收缴方式和程序、财政支出支付方式和程序；运用财政收入、支出程序。

➢案例导入

1. 假如清华大学主体教学楼建设项目，2014 年决定重新修建，工程总造价 5 000 万，该教学楼建设项目是否属于政府采购？如不属于，请说明原因，如属于，请说明应采用哪种采购方式,原因何在?

2. 某预算单位在组织财务人员学习《国库集中收付制度》时，讨论如下：甲某认为，财政部门在商业银行开立的国库单一账户,是用于记录、反应和核算预算外资金的收入支出活动,并与财政部门零余额账户进行清算。乙认为,财政部门零余额账户,用于财政授权支付和清算,该账户可办理转账、提取现金等结算业务。丙认为:国库单一账户体系包括国库单一账户、财政零余额账户预算外资金财政专户、财政部门特设专户。

根据国库集中收付制度规定，请分析：

(1) 甲的观点是否符合规定，并申述理由；

(2) 乙的观点是否符合规定，并申述理由；

(3) 丙的观点是否符合规定，并申述理由。

第一节　预算法律制度

一、预算法律制度的构成

预算法律制度是指国家经过法定程序制定的,用以调整在国家进行预算资金的筹集、分配、使用和管理过程中发生的经济关系的法律规范的总称。我国预算法律制度由《中华人民共和国预算法》（以下简称《预算法》）《中华人民预算法实施条例》（以下简称《预算法实施条例》）以及有关国家预算管理的其他法规制度构成。

（一）《预算法》

《预算法》于1994年3月22日经第八届全国人民代表大会第二次会议通过，自1995年1月1日起施行。该法共分11章79条，包括总则、预算管理职权、预算收支范围、预算编制、预算审查和批准、预算执行、预算调整、决算、监督、法律责任和附则。该法是我国第一部财政基本法律，是我国国家预算管理工作的根本性法律以及制定其他预算法律的基本依据。它的颁布施行，对于强化预算的分配和监督职能、健全财政预算制度、加强国家宏观调控、保障经济和社会的健康发展，具有十分重要的意义。

在财政法规体系中，《预算法》是核心法、骨干法。由于财政活动的主要内容是进行预算资金的筹集、分配、使用和管理，并且财政工作的主要任务是组织和实现权力机关批准的财政收支计划。因此，从此意义上来讲，没有预算就没有财政。

（二）《预算法实施条例》

《预算法实施条例》于1995年11月22日由国务院颁布。该条例的颁布主要是为了进一步贯彻实施《预算法》，使之更具操作性，为预算及其监督提供更为具体明确的行为准则。该条例共分为8章79条，包括总则、预算收支范围、预算编制、预算执行、预算调整、决算、监督和附则。该条例根据《预算法》所确立的基本原则和规定，对其中的有关法律概念，以及预算管理的方法和程序等做了具体规定。

二、国家预算

（一）国家预算的概念

国家预算是指经法定程序批准的、国家在一定期间内预定的财政收支计划，是国家进行财政分配的依据和宏观调控的重要手段。国家预算是实现财政职能的基本手段，反映国家的施政方针和社会经济政策，规定政府活动的范围和方向。

我国国家预算是具有法律效力的基本财政计划，是国家为了实现政治经济任务，有计划地集中和分配财政收入的重要工具，是国家经济政策的反映。我国的预算收入采取税收等形式，是社会主义经济的内部积累。我国的预算支出主要用于经济建设和国防、文化、教育、科学、卫生、社会福利等各项事业。

国家预算应遵循一定的原则。国家预算原则是指国家选择预算形式和体系应遵循的指导思想，主要有公开性、可靠性、完整性、统一性和年度性等。

1．公开性

国家预算反映政府的活动范围、方向和政策，与全体公民的切身利益息息相关，因此国家预算及其执行情况必须采取一定形式公开，为人民所了解并置于人民的监督之下。

2．可靠性

每一收支项目的数字指标必须运用科学的方法，依据充分确实的资料，并总结出规律性、进行计算，不得假定、估算，更不能任意编造。

3．完整性

列入国家预算的一切财政收支都要列在预算中，不得打埋伏、造假账、预算外另列预算。国家允许的预算外收支，也应在预算中有所反映。

4．统一性

虽然每一级政府设立每一级预算。但所有地方预算连同中央预算一起共同组成了统一的国家预算。因此要求设立统一的预算科目，每个科目都应按统一的口径、程序计算和填列。

5．年度性

政府必须按照法定预算年度编制国家预算。这一预算要反映全年的财政收支活动，同时不允许将不属于本年度财政收支的内容列入本年度的国家预算之中。

【思考题 4-1】国家预算的原则包括(　　)。

A．公开性　　B．完整性

C．统一性　　D．法律性

（二）国家预算的作用

国家预算作为财政分配和宏观调控的主要手段，具有分配、调控和监督职能。国家预算的作用是国家预算职能在经济生活中的具体体现，它主要包括以下三个方面。

1．财力保证作用

国家预算既是保障国家机器运转的物质条件，又是政府实施各项社会经济政策的有效保证。提供财力保证是国家预算最根本的作用。

2．调节制约作用

国家预算作为国家的基本财政计划，是国家财政实行宏观控制的主要依据和主要手段。国家预算的收支规模，可调节社会总供给和总需求的平衡，预算支出的结构可调节国民经济结构，因而国家预算的编制和执行情况对国民经济和社会发展都有着直接的制约作用。

3．反映监督作用

国家预算是国民经济的综合反映，预算收入反映国民经济发展规模和经济效益水平。预算支出反映各项建设事业发展的基本情况。因此，通过国家预算的编制和执行便于掌握国民经济的运行状况、发展趋势以及出现的问题，从而及时进行监督，并采取对策措施促进国民经济稳定协调地发展。

（三）国家预算的级次划分

我国国家预算的级次结构是根据国家政权结构、行政区域划分和财政管理体制要求而确定的。依据财政法原理中的“一级政权、一级财政”的原则，《预算法》规定“国家实行一级政府一级预算”。我国国家预算共分为五级，具体包括以下几方面：

(1) 中央预算；

(2) 省级(省、自治区、直辖区)预算；

(3) 地市级(设区的市、自治州)预算；

(4) 县市级(县、自治县、不设区的市、市辖区)预算；

(5) 乡镇级(乡、民族乡、镇)预算。

其中，对于不具备设立预算条件的乡、民族乡、镇，经省、自治区、直辖区政府确定，可以暂不设立预算。

县级以上地方政府的派出机关，根据本级政府授权进行预算管理活动，但是不作为一级预算。

【思考题 4-2】我国国家预算体系中不包括(　　)。

A. 中央预算　　B. 省级(省、自治区、直辖区)预算

C. 乡镇级(乡、民族乡、镇)预算　　D. 县级以上地方政府的派出机关预算

(四) 国家预算的构成

我国的国家预算，根据国家政权结构和行政区划的不同，可分为中央预算、地方预算、各级总预算和部门预算、单位预算。各级预算都要实行收支平衡的原则。

1. 中央预算

中央预算是指中央政府预算，由中央各部门，含直属单位的预算组成。中央预算包括地方向中央上解的收入数额和中央对地方返还或者给予补助的数额。

2. 地方预算

地方预算由各省、自治区、直辖市总预算组成。地方各级政府预算由本级各部门含直属单位(下同)的预算组成。包括下级政府向上级政府上解的收入数额和上级政府对下级政府返还或者给予补助的数额。

3. 总预算

总预算是指政府的财政汇总预算。按照国家行政区域划分和政权结构可相应划分各级次的总预算。若下一级政府只有本级预算的，则下一级政府总预算即指下一级政府的本级预算，没有下一级政府预算的总预算即指本级预算。

4. 部门单位预算

部门单位预算是指部门、单位的收支预算。各部门预算由本部门所属各单位预算组成。

【思考题 4-3（判断）】我国的预算分为中央预算和地方预算，而中央预算是由各地方预算组成的。　　(　　)

三、预算管理的职权

国家的预算活动必须依法进行管理才能有效地实现预算法的宗旨，而预算管理必须按照法定职权进行。根据统一领导、分级管理、权责结合的原则，《预算法》明确地规定了各级人民

代表大会及其常务委员会、各级政府、各级财政部门和各部门、各单位的预算职权。

(一) 各级人民代表大会的职权

1. 全国人民代表大会的职权

(1) 审查中央和地方预算草案及中央和地方预算执行情况的报告；
(2) 批准中央预算和中央预算执行情况的报告；
(3) 改变或者撤销全国人民代表大会常务委员会关于预算、决算的不适当的决议。

2. 县级以上地方各级人民代表大会的职权

(1) 审查本级总预算草案及本级总预算执行情况的报告；
(2) 批准本级预算和本级预算执行情况的报告；
(3) 改变或者撤销本级人民代表大会常务委员会关于预算、决算的不适当的决议；
(4) 撤销本级政府关于预算、决算的不适当的决定和命令。

3. 乡、民族乡、镇的人民代表大会的职权

(1) 审查和批准本级预算和本级预算执行情况的报告；
(2) 监督本级预算的执行；
(3) 审查和批准本级预算的调整方案；
(4) 审查和批准本级决算；
(5) 撤销本级政府关于预算、决算的不适当的决定和命令。

【思考题 4-4】下列关于全国人民代表大会预算职权的表述中，正确的有(　　)。
A. 审查中央和地方预算草案及中央和地方预算执行情况的报告
B. 审查和批准中央预算的调整方案
C. 撤销国务院制定的同宪法、法律相抵触的关于预算、决算的行政法规、决定和命令
D. 改变或者撤销全国人民代表大会常务委员会关于预算、决算的不适当的决议。

(二) 各级财政部门的职权

1. 国务院财政部门的职权

(1) 具体编制中央预算、决算草案。
(2) 具体组织中央和地方预算的执行。
(3) 提出中央预算预备费动用方案。
(4) 具体编制中央预算的调整方案。
(5) 定期向国务院报告中央和地方预算的执行情况。

2. 地方各级政府财政部门的职权

(1) 具体编制本级预算、决算草案。
(2) 具体组织本级总预算的执行。
(3) 提出本级预算预备费动用方案。
(4) 具体编制本级预算的调整方案。

(5) 定期向本级政府和上一级政府财政部门报告本级总预算的执行情况。

(三) 各部门、各单位的职权

1. 各部门的职权

根据《预算法》的规定，与财政部门直接发生预算缴款、拨款关系的国家机关、军队、政党组织和社会团体等各部门的预算职权主要包括以下几方面：

(1) 编制本部门预算、决算草案；

(2) 组织和监督本部门预算的执行；

(3) 定期向本级政府财政部门报告预算的执行情况。

2. 各单位的职权

(1) 编制本单位预算、决算草案；

(2) 按照国家规定上缴预算收入；

(3) 安排预算支出；

(4) 接受国家有关部门的监督。

【思考 4-5】下列有关各部门预算管理职权的表述中，不正确的是(　　)。

A. 编制本部门预算、决算草案

B. 组织和监督本部门预算的执行

C. 定期向本级政府财政部门报告预算的执行情况

D. 定期向本级政府和上一级政府财政部门报告本级总预算的执行情况

四、预算收入与预算支出

(一) 预算收入

预算收入划分为中央预算收入、地方预算收入以及中央和地方预算共享收入。其中，中央预算收入是指按照分税制财政管理体制，纳入中央预算、地方不参与分享收入，包括中央本级收入和地方按照规定向中央上解的收入。地方预算收入是指按照分税制财政管理体制纳入地方预算、中央不参与分享的收入，包括地方本级收入和中央按照规定返还或者补助地方的收入。中央和地方预算共享收入，是指按照分税制财政管理体制，中央预算和地方预算对同一税种的收入，按照一定划分标准或者比例分享的收入。

《预算法》规定的预算收入形式主要有以下几方面。

1. 税收收入

它是国家预算收入的最主要部分。

2. 依照规定应当上缴的国有资产收益

这是国家依据其所有者的地位而获得的收益。

3. 专项收入

即为了满足某种专门需要而由有权收取的部门筹集的有专项用途的资金。例如铁道专项收

入、征收排污费收入、电力建设基金收入等。专项收入应纳入预算管理、专项专用。

4. 其他收入

其他收入包括规费收入、罚没收入等。

（二）预算支出

预算支出划分为中央预算支出和地方预算支出。其中，中央预算支出是指按照分税制财政管理体制，由中央财政承担并列入中央预算的支出，包括中央本级支出和中央返还或者补助地方的支出。地方预算支出，是指按照分税制财政管理体制由地方财政承担并列入地方预算的支出，包括地方本级支出和地方按照规定上解中央的支出。中央预算与地方预算有关收入和支出项目的划分、地方向中央上解收入、中央对地方返还或者给予补助的具体办法，由国务院规定，报全国人民代表大会常务委员会备案。上级政府不得在预算之外调用下级政府预算的资金，下级政府不得挤占或者截、留属于上级政府预算的资金。

《预算法》规定的预算支出的形式包括以下几方面。

(1) 经济建设支出，拨付的生产性贷款贴息支出等。经济建设支出，包括用于经济建设的基本建设投资支出，支持企业的挖潜改造支出，拨付的企业流动资金支出，拨付的生产性贷款贴息支出，专项建设基金支出，支持农业生产支出以及其他经济建设支出。

(2) 教育、科学、文化、卫生、体育等事业发展支出。事业发展支出，是指用于教育、科学、文化、卫生、体育、工业、交通、商业、农业、林业、环境保护、水利、气象等方面事业的支出，具体包括公益性基本建设支出、设备购置支出、人员费用支出、业务费用支出以及其他事业发展支出。

(3) 国家管理费用支出，公共安全支出等。

(4) 国防支出。

(5) 各项补贴支出，农业生产资料价差补贴。惠农政策，以旧换新等。

(6) 其他支出，例如：抚恤和社会福利救济费支出；实行归口管理的行政事业单位离退休经费支出等。

除预算支出外，还有一部分预算外支出。

【思考题 4-6（判断）】 由于我国中央预算收入采用了分税制财政管理体制，因此我国国家预算收入分为中央预算收入和地方预算收入两种形式。 （ ）

五、预算组织程序

预算组织程序包括预算的编制、审批、执行和调整。

（一）预算的编制

国务院应当及时下达关于编制下一年度预算草案的指示。编制预算草案的具体事项由财政部门负责部署。预算草案是指各级政府、各部门、各单位编制的未经法定程序审查和批准的预算收支计划。

1. 预算年度

我国国家预算年度采取的是公历年制。《预算法》规定，预算年度自公历 1 月 1 日起至

12月31日止。各预算活动的主体都必须按照法律规定的时间要求及时编制预算。

2. 预算草案的编制依据

中央预算和地方各级政府预算，应当参考上一年预算执行情况和本年度收支预测进行编制。

各级政府编制预算草案的依据包括以下几方面：

(1) 法律、法规；

(2) 国民经济和社会发展计划、财政中长期计划以及有关的财政经济政策；

(3) 本级政府的预算管理职权和财政管理体制确定的预算收支范围；

(4) 上一年度预算执行情况和本年度预算收支变化因素；

(5) 上级政府对编制本年度预算草案的指示和要求。

各部门、各单位编制年度预算草案的依据包括以下几方面：

(1) 法律、法规；

(2) 本级政府的指示和要求以及本级政府财政部门的部署；

(3) 本部门、本单位的职责、任务和事业发展计划；

(4) 本部门、本单位的定员定额标准；

(5) 部门、本单位上一年度预算执行情况和本年度预算收支变化因素。

3. 预算草案的编制内容

中央预算的编制内容：

(1) 本级预算收入和支出；

(2) 上一年度结余用于本年度安排的支出；

(3) 返还或者补助地方的支出；

(4) 地方上解的收入。

地方各级政府预算的编制内容：

(1) 本级预算收入和支出；

(2) 上一年度结余用于本年度安排的支出；

(3) 上级返还或者补助的收入；

(4) 返还或者补助下级的支出；

(5) 上解上级的支出；

(6) 下级上解的收入。

（二）预算的审批

预算的审批是指国家各级权力机关对同级政府所提出的预算草案进行审查和批准的活动。由于各级预算的审批具有时效性、级别性、程序性和严肃性，《预算法》对预算的审查和批准做出了明确规定。中央预算由全国人民代表大会审查和批准，地方各级政府预算由本级人民代表大会审查和批准。

预算的备案，即各级政府预算批准后，必须依法向相应的国家机关备案，以加强预算监督。预算备案是与预算审批密切相关的一种制度。

预算的批复，是指各级政府预算经过本级人民代表大会的批准之后，本级政府财政部门应

当及时向本级政府各部门批复预算。各省、自治区、直辖市政府应当按照国务院规定的时间将总预算草案报国务院审核汇总。

（三）预算的执行

预算执行，是指经法定程序批准的预算进入具体实施阶段。其是各级政府、各部门、各预算单位在组织实施本级权力机关批准的本级预算中筹措预算收入、拨付预算支出等的活动。《预算法》规定，各级预算由本级政府组织执行，具体工作由本级政府财政部门负责。

1．组织预算收入

征收部门必须依法及时、足额征收应征收的预算收入。有预算收入上缴任务的部门和单位，必须依照法规的规定，将应上缴的预算资金及时、足额地上缴国库。

2．安排预算支出

各级政府财政部门必须依照法律和规定及时、足额地拨付预算支出资金，并加强管理和监督。

（四）预算的调整

预算调整，是指经全国人民代表大会批准的中央预算和经地方各级人民代表大会批准的本级预算，在执行中因特殊情况需要增加支出或者减少收入，使原批准的收支平衡的预算的总支出超过总收入或者使原批准的预算中举借债务的数额增加的部分变更，导致预算收支由原来的平衡变得不平衡，这时就必须依法进行预算调整。

各级政府对于必须进行的预算调整，应当编制预算调整方案。

中央预算的调整方案必须提请全国人民代表大会常务委员会审查和批准。县级以上地方各级政府预算的调整方案必须提请本级人民代表大会常务委员会审查和批准。乡、民族乡、镇政府预算的调整方案必须提请本级人民代表大会审查和批准。

【思考题 4-7（判断）】我国的国家预算年度采取公历年制。（　）

【思考题 4-8】下列有关我国国家预算的编制、审批、执行和调整的表述中，正确的有（　）。

A. 中央预算和地方各级政府预算，应当参考上一年预算执行情况和本年度收支预测进行编制

B. 中央预算由全国人民代表大会审查和批准，地方各级政府预算由本级人民代表大会审查和批准

C. 各级预算由本级政府组织执行，具体工作由本级政府财政部门负责

D. 乡、民族乡、镇政府预算的调整方案必须提请本级人民代表大会常务委员会审查和批准

六、决算

决算是指对年度预算收支执行结果的会计报告，是预算执行的总结，是国家管理预算活动的最后一道程序。它包括决算报表和文字说明两个部分。决算草案由各级政府、各部门、各单位在每一预算年度终了后按国务院规定的时间编制具体事项由国务院财政部门部署。

决算制度主要包括决算草案的编制和审批两个方面的内容。国务院财政部门编制中央决算草案，报国务院审定后，由国务院提请全国人民代表大会常务委员会审查和批准。县级以上地

方各级政府财政部门编制本级决算草案，报本级政府审定后，由本级政府提请本级人民代表大会常务委员会审查和批准。乡、民族乡、镇政府编制本级决算草案，提请本级人民代表大会审查和批准。

【思考题 4-9（判断）】国务院财政部门编制中央决算草案后，提请全国人民代表大会常务委员会审查和批准。 （ ）

七、预决算的监督

各级政府实施的预算与决算活动进行的监督，可分为立法机关的监督、行政机关的监督和政府专门机构监督。

1. 立法机关的监督

(1) 全国人大及其常委会对中央和地方预算、决算进行监督。

(2) 县级以上地方各级人大及其常委会对本级和下级政府预算、决算进行监督。

(3) 乡、民族乡、镇人民代表大会对本级预算、决算进行监督。

监督权，即组织调查权、询问和质询权。组织调查权是指各级人民代表大会和县级以上人大常委会有权就预算、决算中的重大事项或者特定问题组织调查，有关的政府、部门、单位和个人，应当如实反映情况和提供必要的材料。询问和质询权是指各级人大和县级以上各级人大常委会举行会议时，人大代表或者常委会组成人员，依照法律规定程序就预算、决算中的有关问题提出询问或者质询，受询问或受质询的有关的政府或者财政部门必须及时给予答复。

2. 政府机构的监督

各级政府监督下级政府的预算执行。

3. 政府的专门机构监督

财政部门负责监督和审计监督。

各级审计机关应当依照《中华人民共和国审计法》以及有关法律、行政法规的规定，对本级预算执行情况，对本级各部门和下级政府预算的执行情况和决算，进行审计监督。

【思考 4-10】下列有关预决算监督的表述中正确的有（ ）。

A. 全国人民代表大会及其常务委员会对中央和地方预算、决算进行监督

B. 县以上地方各级人民代表大会及其常务委员会对本级和下级政府预算、决算进行监督

C. 乡、民族乡、镇人民代表大会对本级预算、决算进行监督

D. 各级政府审计部门对本级各部门、各单位和下级政府的预算执行和预算实行审计监督

第二节 政府采购法律制度

一、政府采购法律制度的构成

我国的政府采购法律制度由《中华人民共和国政府采购法》（以下简称《政府采购法》）、

国务院各部门特别是财政部颁布的一系列部门规章，以及地方性法规和政府规章组成。

（一）《政府采购法》

《政府采购法》于 2002 年 6 月 29 日经第九届全国人民代表大会常务委员会第二十八次会议通过，自 2003 年 1 月 1 日起施行。该法共分九章 88 条，包括总则、政府采购当事人、政府采购方式、政府采购程序、政府采购合同、质疑与投诉、监督检查、法律责任和附则。

（二）政府采购部门规章

国务院各部门，特别是财政部颁布了一系列有关政府采购的部门规章，例如《政府采购信息公告管理办法》《政府采购货物和服务招标投标管理办法》《政府采购供应商投诉处理办法》等。

（三）政府采购地方性法规和政府规章

各地政府也根据各地的具体情况颁布了规范本行政区域内政府采购活动的地方性法规和政府规章。例如，《××省省级 2009—2010 年度政府集中采购目录及限额标准》等。

二、政府采购的概念

政府采购，是指各级国家机关、事业单位和团体组织，使用财政性资金采购依法制定的集中采购目录以内的或者采购限额标准以上的货物、工程和服务的行为。政府采购不仅是指具体的采购过程，而且是采购政策、采购程序、采购过程及采购管理的总称，是一种对公共采购管理的制度，是一种政府行为。

（一）政府采购的主体范围

政府采购的主体，是指使用财政性资金采购依法制定的集中采购目录以内的或者限额标准以上的货物、工程和服务的国家机关、事业单位和团体组织。

国家机关是指各级国家权力机关、行政机关、司法机关及党务机关等；事业单位是指依法设立的履行科教文卫体医等公共事业发展职能的机构和单位；社会团体是指依法设立的由财政供养的从事公共社会活动的团体组织。目前，我国国有企业不属于政府采购的主体范围。

（二）政府采购的资金范围

政府采购资金为财政性资金。财政性资金是指预算资金、预算外资金以及与财政资金相配套的单位自筹资金的总和。

（三）政府集中采购目录和政府采购限额标准

政府集中采购目录和采购限额标准由省级以上人民政府确定并公布。属于中央预算的政府采购项目，其集中采购目录和政府采购限额标准由国务院确定并公布；属于地方预算的政府采购项目，其集中采购目录和政府采购限额标准由省、自治区、直辖市人民政府或者其授权的机构确定并公布(见表 4-1)。

表 4-1　××省省级 2009—2010 年度政府集中采购目录及限额标准

品目名称	限额标准	备 注
货物类		
一般设备		
电器设备		
电视机		
电冰箱	单价在 2 万元以上(含 2 万元)，或批量采购在 5 万元以上(含 5 万元)	包括电冰柜、冷藏柜等
其他电器设备		包括 DVD，其他音响设备等
空调机		☆
照相机、摄像机		☆
办公室自动化设备		
计算机		☆
办公消耗用品		
复印纸		定点采购
其他消耗用品	批量采购 2 万元以上	包括磁盘、UPS、硒鼓、墨粉等

(四) 政府采购的对象范围

政府采购的对象包括货物、工程和服务。

【思考题 4-11】下列各项中，适用《政府采购法》的是(　　)。

A. 某中外合资经营企业采购设备

B. 某国有独资公司采购基本建设项目设备

C. 某高等院校用教育经费拨款购买教学用计算机

D. 某上市公司承揽了国家重点建设项目而采购加工设备

【思考题 4-12（判断）】政府采购资金包括预算内资金、预算外资金，以及与财政资金相配套的单位自筹资金的总和。(　　)

三、政府采购的原则

《政府采购法》规定，政府采购应当遵循公开透明原则、公平竞争原则、公正原则和诚实信用原则。

(一) 公开透明原则

公开透明原则，是指有关采购的法律、政策、程序和采购活动对社会公开。

只有坚持公开透明，才能为供应商参加政府采购提供公平竞争的环境，为公众对政府采购资金的使用情况进行有效的监督创造条件。在政府采购中贯彻公开透明原则，是接受社会公众监督的前提，有助于提高政府采购的效率，减少和消除“暗箱操作”给国家和公民利益带来的损害，使得政府公共支出渠道更加通畅透明。

公开透明原则应当贯穿于政府采购的全过程，具体体现为以下三个方面：一是公开的内容。应当公开的政府采购信息包括政府采购法规政策、省级以上人民政府公布的集中采购目录、政府采购限额标准和公开招标数额标准、政府采购招标业务机构名录、招标投标信息、财政部门受理政府采购投诉的联系方式及投诉处理决定、财政部门对集中采购机构的考核结果、采购代理机构、供应商不良行为记录名单等。二是公开的标准。政府采购公开的信息应当符合内容真实、准确可靠、发布及时、便于获得查找等标准。三是公开的途径。政府采购信息应当在省级以上财政部门指定的政府采购信息发布媒体上向社会公开发布。

（二）公平竞争原则

公平竞争原则要求政府采购活动在确保公平的前提下充分引入竞争机制。公平竞争原则可以进一步划分为竞争性原则和公平性原则。

竞争性原则是政府采购的一条重要原则，就是要将竞争机制引入采购活动中，实行优胜劣汰，让采购人通过优中选优的方式，获得价廉物美的货物、工程或者服务，提高财政性资金的使用效率。政府采购竞争的主要方式是招标、投标。

公平原则是市场经济运行的重要法则，主要有两方面的内容，一是机会均等，即政府采购应允许所有有兴趣参加投标的供应商参与竞争，政府采购主体不能无故将希望参加政府采购的供应商排斥在外；二是待遇平等，即政府采购应对所有的参加者一视同仁，给予其同等待遇。

（三）公正原则

公正原则主要指政府采购要按照事先约定的条件和程序进行，对所有供应商一视同仁，不得有歧视条件和行为，任何单位或个人无权干预采购活动的正常开展。

（四）诚实信用原则

诚实信用原则，是指政府采购当事人在政府采购活动中，本着诚实、守信的态度履行各自的权利和义务，讲究信誉，兑现承诺，不得散布虚假信息，不得有欺诈、串通、隐瞒等行为，不得伪造、变造、隐匿、销毁需要依法保存的文件，不得规避法律法规，不得损害第三人的利益。

【思考题 4-13】 公开政府采购法规政策、省级以上人民政府公布的集中采购目录、政府采购限额标准和公开招标数额标准、政府采购招标业务代理机构名录、招标投标信息等，这一做法体现了政府采购的(　　)。

A. 公开透明原则　　B. 公平竞争原则

C. 公正原则　　D. 诚实信用原则

四、政府采购的功能

（一）节约财政支出，提高采购资金的使用效益

通过政府采购能使政府财政资金得到最大限度的利用，并且易于形成买方市场，进一步提高采购资金的使用效益。

（二）强化宏观调控

政府在政府采购市场中处于主动的、有利的地位，可以通过调整采购总量、采购时间、采购项目、采购规划等方式来实现特定的宏观调控目标。

（三）活跃市场经济

政府采购遵循的是公平竞争的原则，在竞标过程中执行严密、透明的“优胜劣汰”机制，这样会极大地调动供应商参与政府采购的积极性，并能够促使其不断提高产品和服务质量、降低生产成本、改进服务水平，以使自己能够在公平竞争中胜出而获得政府订单。供应商竞争能力的提高又能够带动整个国内市场经济的活跃与繁荣。

（四）推进反腐倡廉

政府采购制度是财政监督机制的有机组成部分，是财政分配职能的延伸，通过财部门、审计部门、供应商、社会公众等全方位的参与和监督，能有效制止幕后交易、权钱交易、暗箱操作等腐败现象，最终实现对政府支出使用的监督和管理。

（五）保护民族产业

发挥政府采购对民族产业的保护功能是世界上许多国家通行的做法。民族产业是一国经济的基石，对其进行保护，不仅是经济全球化对提高民族产业竞争力的要求，也是维护国家安全和民族利益的需要。在众多的非关税贸易壁垒中，政府采购是世界各国为保护民族产业所普遍采用的手段。

五、政府采购的执行模式

《政府采购法》规定，政府采购实行集中采购和分散采购相结合。

（一）集中采购

集中采购就是将政府部门或机构及其监控的企事业单位所需的一切物资及服务的采购，都由政府专门设立的特定机构集中进行的一种采购组织实施形式。集中采购必须委托集中采购机构代理采购。设区的市、自治州以上人民政府根据本级政府采购项目组织集中采购的需要设立集中采购机构。

列入集中采购的项目往往是一些大宗的、通用性的项目，或者是一些社会关注程度较高、影响较大的特定商品、大型工程和重要服务类项目。

集中采购的特点是采购权与使用权的高度分离，采购权的高度集中统一。实行集中采购的优点是，取得规模效益、降低采购成本、争取价格优势和优质服务、保证采购质量、贯彻落实政府采购有关政策取向，便于实施统一的管理和监督。缺点是难以适应紧急情况采购、难以满足用户多样性需求、采购程序复杂、采购周期较长等。

（二）分散采购

分散采购是指由各预算单位直接采购所需货物、工程及服务的一种采购组织实施形式。凡采购未纳入集中采购目录的政府采购项目，可以自行采购，也可以委托集中采购机构在委托的范围内代理采购。分散采购的特点是采购者与使用者、采购权与使用权的合一。与集中采购模式相比，其采购主体众多，采购权相对分散到各单位。

分散采购的项目往往是一些在限额标准以下的、专业化程度较高或单位有特定需求的项目，一般不具有通用性的特征。

实行分散采购的优点是有灵活性、自主性强、手续简便、满足采购及时性和多样性的需求。缺点是失去了规模效益、加大了采购成本，会导致资产闲置及资金浪费，不利于国家宏观调控，容易滋生腐败。

【思考题 4-14（判断）】政府采购必须委托集中采购机构代理采购。（　）

六、政府采购当事人

政府采购当事人，是指在政府采购活动中享有权利和承担义务的各类主体，包括采购人、供应商和采购代理机构等。

（一）采购人

采购人是政府采购中货物、工程和服务的直接需求者(国家机关、事业单位、团体组织等)。

（二）供应商

供应商，是指向采购人提供货物、工程或者服务的法人、其他组织或者自然人。

（三）采购代理机构

采购代理机构，是指具备一定条件，经政府有关部门批准而依法拥有政府采购代理资格的社会中介机构。《政府采购法》中所称的集中采购机构就是采购代理机构。

采购代理机构分为一般采购代理机构和集中采购机构。一般采购代理机构的资格由国务院有关部门或省级人民政府有关部门认定，主要负责分散采购的代理业务。集中采购机构是进行政府集中采购的法定代理机构，由设区的市、自治州以上人民政府根据本级政府采购项目组织集中采购的需要设立。

七、政府采购方式

政府采购可以采用公开招标、邀请招标、竞争性谈判、单一来源、询价以及国务院政府采购监督管理部门认定的其他采购方式。其中，公开招标应作为政府采购的主要采购方式。

（一）公开招标

公开招标，是指采购人或其委托的政府采购代理机构以招标公告的方式邀请不特定的供应商参加投标竞争，从中择优选择中标供应商的采购方式。采购人不得将应当以公开招标方式采购的货物或者服务化整为零，或者以其他任何方式规避公开招标采购。

（二）邀请招标

邀请招标，是指采购人或其委托的政府采购代理机构以投标邀请书的方式邀请三家或三家以上特定的供应商参与投标的采购方式。

符合下列情形之一的货物或者服务，可以采用邀请招标方式采购：

(1) 具有特殊性，只能从有限范围的供应商处采购的；

(2) 采用公开招标方式的费用占政府采购项目总价值的比例过大的。

(三) 竞争性谈判

竞争性谈判，是指采购人或其委托的政府采购代理机构通过与多家供应商就采购事宜进行谈判，经分析比较后从中确定中标供应商的采购方式。

符合下列情形之一的货物或者服务，可以采用竞争性谈判方式采购：

(1) 招标后没有供应商投标或者没有合格标的或者重新招标未能成立的；

(2) 技术复杂或者性质特殊不能确定详细规格或者具体要求的；

(3) 采用招标所需时间不能满足用户紧急需要的；

(4) 不能事先计算出价格总额的。

(四) 单一来源

单一来源，是指采购人采购不具备竞争条件的物品，只能从唯一的供应商处取得采购货物或服务的情况下，直接向该供应商协商采购的采购方式。

符合下列情形之一的货物或者服务，可以采用单一来源方式采购：

(1) 只能从唯一供应商处采购的；

(2) 发生了不可预见的紧急情况不能从其他供应商处采购的；

(3) 必须保证原有采购项目一致性或者服务配套的要求，需要继续从原供应商处添购，且添购资金总额不超过原合同采购金额10%的。

(五) 询价

询价，是指采购人向三家以上潜在的供应商发出询价单，对各供应商一次性报出的价格进行分析比较，按照符合采购需求、质量和服务相等且报价最低的原则确定中标供应商的采购方式。采购的货物规格、标准统一，现货货源充足且价格变化幅度小的政府采购项目，可以采用询价方式采购。

【思考题 4-15】根据《政府采购法》的规定，对于具有特殊性，只能从有限范围的供应商处采购的货物，其适用的政府采购方式是(　　)。

A. 公开招标方式　　　　B. 邀请招标方式

C. 竞争性谈判方式　　　　D. 单一来源方式

八、政府采购的监督检查

政府采购监督检查是财政部门的重要职责之一，有效的政府采购监督检查对规范财政收支运行、遏制挥霍浪费、严肃财经纪律、提高财政资金使用效益起着不可替代的作用。

各级人民政府财政部门是负责政府采购监督管理的部门，依法履行对政府采购活动的监督管理职责。其监督检查的主要内容有以下几方面：

(1) 有关政府采购的法律、行政法规和规章的执行情况；

(2) 采购范围、采购方式和采购程序的执行情况；

(3) 政府采购人员的职业素质和专业技能。

此外，审计机关、监察机关、社会公众等应当在政府采购的监督中发挥应有作用。

第三节 国库集中收付制度

一、国库集中收付制度

国库集中收付制度一般也称为国库单一账户制度，是指以国库单一账户体系为基础，将所有财政性资金都纳入国库单一账户体系管理，收入直接缴入国库和财政专户，支出通过国库单一账户体系支付到商品和劳务提供者或用款单位的一项国库管理制度。

国库集中收付制度的实施大大提高了财政资金收付管理的规范性、安全性、有效性，增加了透明度。实行国库集中收付制度后，支出单位的财政资金都集中存放在国库，有利于财政部门对自己加强统一调度和管理，使库款调度更加灵活。同时，也将从根本上改变财政资金管理分散、各支出部门和支持单位多头开户、重复开户的混乱局面。财政部门内部实行预算的编制、执行和监督相对分开，从机制上防止了营私舞弊。财政部门、支出单位、结算银行都持有可以相互核对的资金支付账册，预算执行规范透明，有利于加强对财政资金支出的监督，提高财政资金的使用效益。同时，还能有效地防止利用财政资金谋取私利等腐败现象的发生。

【思考题 4-16】国库集中收付制度也称为(　　)。

A. 国库集中支付制度　　B. 国库收入收缴制度

C. 国库单一账户制度　　D. 国库集中管理制度

二、国库单一账户体系

(一) 国库单一账户体系的概念

国库单一账户体系，是指以财政国库存款账户为核心的各类财政性资金账户的集合，所有财政性资金的收入、支付、存储及资金清算活动均在该账户体系运行。这个账户体系主要由国库单一账户、财政零余额账户、单位零余额账户、预算外资金财政专户、特设专户商业银行构成。

(二) 国库单一账户体系的构成

国库单一账户体系由下列银行账户构成。

(1) 财政部门在中国人民银行开设的国库单一账户，简称国库单一账户。该账户用于记录、核算和反映财政预算资金和纳入预算管理的政府性基金的收入和支出。代理银行应当按日将支付的财政预算内资金和纳入预算管理的政府性基金与国库单一账户进行清算。国库单一账户在财政总预算会计中使用，行政单位和事业会计中不设置该账户。

(2) 财政部门在商业银行开设的零余额账户，简称财政部门零余额账户。该账户用于财政直接支付和与国库单一账户清算。财政部门零余额账户在国库会计中使用。

(3) 财政部门在商业银行为预算单位开设的零余额账户，简称预算单位零余额账户。该账户用于财政授权支付和清算。该账户每日发生的支付，于当日营业终了前由代理银行在财政部门批准的用款额度内与国库单一账户清算。预算单位零余额账户可以办理转账、提取现金等结算业务，可以向本单位按账户管理规定保留的相应账户划拨工会经费、住房公积金及提租补贴，以及经财政部门批准的特殊款项。不得违反规定向本单位其他账户和上级主管单位、所属下级单位账户划拨资金。预算单位零余额账户在行政单位和事业单位会计中使用。

(4) 财政部门在商业银行开设的预算外资金财政专户，简称预算外资金专户。专户用于记录、核算和反映预算外资金的收入和支出活动，并用于预算外资金日常收支清算。预算外资金专户在财政部门设立和使用。

(5) 经国务院或国务院授权财政部门批准为预算单位在商业银行开设的特殊专户，简称特设专户。该专户用于记录、核算和反映预算单位的特殊专项支出活动，并用于与国库单一账户清算。特设专户在按规定申请设置了特设专户的预算单位使用。

财政部门是持有和管理国库单一账户体系的职能部门，任何单位不得擅自设立、变更或撤销国库单一账户体系中的各类银行账户。中国人民银行按照有关规定，对国库单一账户和代理银行进行管理和监督。

【思考题 4-17】用于财政直接支付和与国家单一账户清算的账户是(　　)。

A. 国库单一账户　　　　B. 财政部门零余额账户

C. 特殊专户　　　　D. 预算单位零余额账户

三、财政收入收缴方式和程序

(一) 收缴方式

财政收入的收缴分为直接缴库和集中汇缴两种方式。

1. 直接缴库

直接缴库，是指由缴款单位或缴款人按有关法律法规规定，直接将应缴收入缴入国库单一账户或预算外资金财政专户。

2. 集中汇缴

集中汇缴，是指由征收机关、有关法定单位，按有关法律规定，将所收的应缴收入汇总缴入国库单一或预算外资金财政专户。

(二) 收缴程序

1. 直接缴库程序

直接缴库的税收收入，由纳税人或税务代理人提出纳税申报，经征收机关审核无误后，由纳税人通过开户银行将税款缴入国库单一账户。

2. 集中汇缴程序

小额零散税收和法律另有规定的应缴收入，由征收机关于收缴收入的当日汇总缴入国库单

一账户。

四、财政支出支付方式和程序

（一）支付方式

财政性资金的支付实行财政直接支付和财政授权支付两种方式。

1．财政直接支付

财政直接支付，是指由财政部门向中国人民银行和代理银行签发支付指令，代理银行根据支付指令通过国库单一账户体系将资金直接支付到收款人或用款单位账户。

2．财政授权支付

财政授权支付，是指预算单位按照财政部门的授权，自行向代理银行签发支付指令，代理银行根据支付指令，在财政部门批准的与单位的用款额度内，通过国库单一账户体系将资金支付到收款人账户。

（二）支付程序

1．财政直接支付程序

预算单位实行财政直接支付的财政性资金包括工作支出、工程采购支出、物品和服务采购支出。

财政直接支付的申请由一级预算单位汇总，填写“财政直接支付汇总申请书”，报财政部门国库支付执行机构。财政部门国库支付执行机构审核一级预算单位提出的支付申请无误后，开具“财政直接支付汇总清算额度通知单”和“财政直接支付凭证”，经财政部门国库管理机构加盖印章签发后，分别送往中国人民银行和代理银行。

代理银行根据“财政直接支付凭证”及时将资金直接支付给收款人或用款单位。

2．财政授权支付程序

财政授权支付程序适用于未纳入工资支出、工程采购支出、物品和服务采购支出管理的购买支出和零星支出。其包括单件物品或单项服务购买额不足10万元的购买支出，年度财政投资不足50万元人的工程采购支出，特别紧急的支出和经财政部门批准的其他支出。

财政部门根据批准的一级预算单位用款计划中月度授权支付额度，每月25日前以“财政授权支付汇总清算额度通知单”“财政授权支付额度通知单”的形式分别通知中国人民银行、代理银行。

代理银行在收到财政部门下达的“财政授权支付额度通知单”时，向相关预算单位发出“财政授权支付额度到账通知书”。基层预算单位凭据“财政授权支付额度到账通知书”所确定的额度支用资金，代理银行凭据“财政授权支付额度通知单”受理预算单位财政授权支付业务，控制预算单位的支付金额，并与国库单一账户进行资金清算。

预算单位支用授权额度时，填制财政部门统一制定的“财政授权支付凭证”送代理银行，代理银行根据“财政授权支付凭证”，通过零余额账户办理资金支付。

习　题

一、单项选择题

1．地方各级政府预算由(　　)审查和批准。

A．上级人民政府　　B．本级人民政府

C．本级人民代表大会　　D．本级人民代表大会常委会

2．预算法规定，中央预算的调整方案必须提请(　　)审查和批准。

A．全国人民代表大会　　B．全国人民代表大会常务委员会

C．国务院　　D．财政部

3．对本级各部门、各单位和下级政府的预算执行、决算实施审计监督的部门是(　　)。

A．各级政府财政部门　　B．各级政府

C．各级政府审计部门　　D．上一级政府财政部门

4．下列不属于国务院财政部门预算职权的是(　　)。

A．具体编制中央预算、决算草案　　B．审查和批准中央预算的调整方案

C．具体组织中央和地方预算的执行　　D．具体编制中央预算的调整方案

5．根据《预算法》的规定，甲部门编制中央决算草案，报国务院审定后，由国务院提请乙部门审查和批准。甲、乙分别指的是(　　)。

A．省级人民政府全国人民代表大会

B．国务院财政部门全国人民代表大会常务委员会

C．国务院财政部门全国人民代表大会

D．省级人民政府全国人民代表大会常务委员会

6．中央预算的调整方案由(　　)审查和批准。

A．全国人民代表大会　　B．全国人民代表大会常务委员会

C．国务院　　D．国务院财政部

7．《政府采购法》所称政府采购，是指各级国家机关、事业单位和团体组织，使用(　　)采购依法制定的集中采购目录以内的或者采购限额标准以上的货物、工程和服务的行为。

A．财政性资金　　B．非财政性资金

C．经营收入　　D．捐赠收入

8．根据政府采购法律制度的规定，采用邀请招标方式的，采购人应当从符合相应资格条件的供应商中随机邀请(　　)以上的供应商，并以投标邀请书的方式，邀请其参加投标。

A．3家　　B．5家

C．10家　　D．15家

9．财政资金支出按照不同的支付主体分别实行财政直接支付和财政授权支付。实行财政直接支付的支出不包括(　　)。

A．工资支出　　B．工程采购支出

C．物品和服务采购支出　　D．零星支出

二、多项选择题

1．下列有关我国国家预算的编制、审批、执行和调整的表述中，正确的是(　　)。

A．中央预算和地方各级政府预算，应当参考上一年预算执行情况和本年度收支预测进行编制

B．中央预算由全国人民代表大会审查和批准，地方各级政府预算由本级人民代表大会审查和批准

C．各级预算由本级政府组织执行，具体工作由本级政府财政部门负责

D．市政府预算的调整方案必须提请省级人民代表大会常务委员会审查和批准

2．预算监督主体有(　　)。

A．各级国家权力机关即各级人民代表大会及其常务委员会

B．各级人民政府

C．各级人民政府的财政部门

D．各级政府审计部门

3．根据《预算法》的规定，下列各项中，属于县级以上地方各级人民代表大会的职权的是(　　)。

A．审查本级总预算草案及本级总预算执行情况的报告

B．批准本级预算和本级预算执行情况的报告

C．改变或者撤销本级人民代表大会常务委员会关于预算、决算的不适当的决议

D．撤销本级政府关于预算、决算的不适当的决定和命令

4．根据《预算法》的规定，预算组织程序的环节包括(　　)。

A．预算的编制　　B．预算的审批

C．预算的执行　　D．预算的调整

5．根据《预算法》的规定，各部门、各单位编制年度预算草案的依据是(　　)。

A．法律、法规

B．本级政府的指示和要求以及本级政府财政部门的部署

C．本部门、本单位的职责、任务和事业发展计划

D．本部门、木单位上一年度预算执行情况和本年度预算收支变化因素

6．根据《预算法》的规定，中央预算的编制内容包括(　　)。

A．本级预算收入和支出

B．上一年度结余用于本年度安排的支出

C．地方上解的收入

D．上级返还或者补助的收入

7．预决算的监督主体包括(　　)。

A．各级人民代表大会及其常务委员会　　B．各级人民政府

C．各级财政部门　　D．各级审计部门

8．政府采购的采购人是指依法进行政府采购的(　　)。

A．国家机关　　B．事业单位

C．团体组织　　D．企业

三、判断题

1．各级预算的具体组织工作由本级政府负责。(　　)

2．各级预算由本级政府组织执行，具体工作由本级政府财政部门负责。(　　)

3．A 大学曾于 2011 年通过政府采购方式向 B 公司购买化学实验室的专用设备，价值为 12 万元。2013 年 1 月 A 大学的该实验室拟继续通过政府采购方式添置一台与专用设备配套的分析仪器，价值为 1 万元。A 大学可以不采用公开招标方式，只向 B 公司一家供应商采购所需的分析仪器。(　　)

4．我国的国家预算，可以分为三类：中央预算、地方预算和各级总预算。(　　)

5．我国政府采购实行集中采购与分散采购的方式的执行模式。(　　)

四、案例分析

1．2009 年 6 月 24 日，财政部部长谢旭人向全国人大常委会做了 2008 年度中央决算情况的报告。其部分内容如下：第十一届全国人大第二次会议审查批准了《关于 2008 年中央和地方预算执行情况与 2009 年中央和地方预算草案的报告》。现在，2008 年中央决算已经汇编完成。根据《预算法》等法律规定和全国人大常委会的安排，受国务院的委托，向本次常委会提出 2008 年中央决算报告和中央决算草案。汇总中央和地方决算，全国财政收入 61 330.35 亿元，比 2007 年增加 10 008.57 亿元，增长 19.5%，完成预算的 104.9%。全国财政支出 62 592.66 亿元，增加 12 811.31 亿元，增长 25.7%，完成预算的 102%。请分析：该报告涉及《预算法》的哪些知识？

2．低价竞标：某市级医院招标采购一批进口设备，由于该医院过去在未实行政府采购前与一家医疗设备公司有长期的业务往来，故此次招标仍希望这家医疗设备公司中标。于是双方达成默契，等开标时该医院要求该公司尽量压低投标标价，以确保中标。在签订合同前，该医院允许按原来的投标标价提高 10%，作为追加售后服务内容与医疗设备公司签订了采购合同。结果提高后的合同价远远高于其他所有投标人的标价。

问：该医院的此种招标方式是否合法？请指出不妥之处并加以说明。

第五章　会计职业道德

学习窗

⊙　深刻理解会计职业道德的概念及会计职业道德规范的主要内容，自觉遵守会计职业道德规范。

⊙　理解会计职业道德与会计法律制度的联系与区别，把握好两者的关系。

⊙　熟悉会计职业道德教育与修养的内容、形式及途径，主动进行会计职业道德教育。

⊙　理解会计职业道德建设的相关问题，为会计职业道德建设贡献力量。

案例导入

蓝田股份的覆没

“蓝田”的全称为沈阳蓝田股份有限公司，股票代码600709，其前身为沈阳市三家企业。蓝田的经营范围主要有农副水产品和医药制品两大类。

1992年10月，由沈阳行政学院下属的新北制药厂、沈阳莲花大酒店和沈阳市新北副食品商场全部资产发起设立定向募集股份有限公司。

1996年6月18日，蓝田在上海证券交易所上市；1996年5月，蓝田增发新股3 000万股，每股发行价8.38元，扣除发行费用后，共募集股金24 155万元，其资金投向如下：投资2 000万元兴建“菜篮子工程”基地项目，投资4 700万元开发生产冷冻干燥食品项目，投资4 800万元兴建中华鳖养殖基地，投资4 986万元兴建畜禽繁养基地等等。

1996—2000年，蓝田在财务数据上一直保持着神奇的增长速度。总资产规模从上市前的2.66亿元发展到2000年末的28.38亿元，增长了10倍，历年年报的业绩都在每股0.60元以上，最高达到1.15元。即使遭遇了1998年特大洪灾以后，每股收益也达到了不可思议的0.81元，创造了中国农业企业罕见的“蓝田神话”，被称作是“中国农业第一股”。

1999年因在蓝田股票发行材料中作假被中国证监会罚款10万元人民币；2001年10月26日，中央财大教授刘姝威在《金融内参》发表600字短文揭露了蓝田的造假丑闻，此后蓝田贷款资金链条断裂。

疑点浮出水面

刘姝威，中央财经大学研究所的学者，一直从事银行信贷研究工作。2001年，刘姝威应编辑之约写一本名为《上市公司虚假会计报表识别技术》的书，编辑建议，选几个新上市公司的案例。此时，正赶上蓝田股份公告说，该公司正在接受证监会调查。刘姝威这才把目光投向蓝田。刘姝威所依据的材料，从蓝田招股说明书到2001年中期财务报告，全部是公开资料。经过分析，她被吓呆了，她没有去过蓝田，但是用最基础、最简单的分析方法就可以看出是个骗局，其中问题包括以下几方面：

(1)蓝田已无力还债。2000年蓝田的流动比率是0.77，这说明短期可转换成现金的流动资产，不足以偿还到期流动负债；速动比率是0.35，这说明扣除存货后，流动资产只能偿还35%的到期流动负债；净营运资金-1.3亿元，这说明蓝田将不能按时偿还1.3亿元的到期流动负债。

(2)12.7亿元农副水产品收入有造假嫌疑。例如，蓝田所产的鸭子品种为“青壳一号”，只吃小鱼和草根，一只鸭子一年产蛋高达300多只(比普通鸭子高出1倍以上)，而且价格奇高(有报道称每只鸭蛋的平均纯利为0.4元)，蓝田“一只鸭子一年的利润等于生产两台彩电产生的利润”，相当于“金鸭子”。

(3)蓝田的资产结构是虚假的。2000年蓝田股份的流动资产占资产百分比约是同业平均值的1/3，而存货占流动资产百分比约高于同业平均值3倍，固定资产占资产百分比高于同业平均值1倍多，在产品占存货百分比高于同业平均值1倍，在产品绝对值高于同业平均值3倍，存货占流动资产百分比高于同业平均值1倍。

造价与违规者的法律惩处

2002年1月23日，蓝田股份全线跌停，以5.89元收盘。2004年11月，蓝天股份前董事长瞿兆玉因提供虚假财务报告和提供虚假注册资本罪被判处有期徒刑2年。2005年5月30日，中共中央组织部研究室原主任兼政策法规局局长王法雄因接受瞿兆玉的贿赂、巨额财产来历不明，经检察机关提起公诉，指控其犯有巨额财产来历不明罪。另悉，中组部已对王法雄本人下达了开除党籍和公职的决定书。2005年9月19日，农业部财务司原司长、总经济师孙鹤龄因利用职务上的便利，违反规定，为女儿购买该股份(蓝田)内部职工股获取巨额非法利益被开除党籍。

蓝田失败对会计行业的启示

如前所述，蓝田造假丑闻的曝光，不是来自于对蓝田进行常年年报审计的注册会计师，而是来自于业外人士，这着实让人吃惊。其实，蓝田主要是通过虚假交易或事项来“创造利润”，其造假手法非常简单。注册会计师只要认真执行分析性复核程序，便可以轻易发现蓝田的造假问题，但是，注册会计师却没有查出任何问题。

事后发现，蓝田的会计账目非常混乱，按理说注册会计师是不能表示意见的，但是，对蓝田进行年报审计的注册会计师却发表了相应的审计意见，其执业水平之低，责任意识之弱，令人叹息！由于未能及时发现蓝田的造假行为，致使许多对其进行贷款的银行受牵连，国家资财遭受重大损失。由此，我们的启示是，在任何时候，我们对上市公司的监管工作决不能放松，尤其是作为证券市场“守护神”的注册会计师，要敢于坚持原则，保持应有的职业谨慎态度，以减少审计失当的风险。同时，各会计师事务所应该不断健全其质量控制机制，不断提高会计的执业能力和道德水准，以保证我国经济市场的健康运行。

第一节　会计职业道德概述

一、会计职业道德的概念

（一）职业道德的概念

职业道德，是指一种被普遍认为是从事一种职业的人士应该遵守的道德规范。职业道德的概念有广义和狭义之分，广义的职业道德是指从业人员在职业活动中应该遵循的行为准则，涵盖了从业人员与服务对象、职业与职工、职业与职业之间的关系。狭义的职业道德是指在一定职业活动中应遵循的、体现一定职业特征的、调整一定职业关系的职业行为准则和规范。

职业道德鲜明地表达职业所担负的特定职业责任和职业义务，对从业人员职业活动的具体行为进行规范，是在长期实践过程中受到社会普遍认可的、具有一定强制性的纪律规范。

职业道德的基本要求是忠于职守。例如，商人经商要公平买卖，童叟无欺；医生行医要救死扶伤，治病救人；会计从业要独立、客观、公正。这些职业道德规范是用来指导和约束执业行为，保证职业生活的正常进行的。

职业道德是道德在职业实践活动中的具体体现。我国《公民道德建设实施纲要》提出了职业道德的主要内容是：爱岗敬业、诚实守信、办事公道、服务群众、奉献社会。职业道德是道德在职业实践活动中的具体体现。

（二）会计职业道德的概念

会计职业道德是指在会计职业活动中应遵循的、体现会计职业特征的、调整会计职业关系的职业行为准则和规范。它既有社会道德的共性、又有会计自身职业的特性。具体表现在以下几方面：

1．利益的相关性

会计职业道德是调整会计职业活动中各种利益关系的手段。

包括单位与单位、单位与国家、单位与投资者、单位与债权人、单位与职工、单位内部各部门之间及单位与社会公众之间等经济关系。

当各经济主体的利益与国家利益、社会公众利益发生冲突的时候，会计职业道德不允许通过损害国家和社会公众利益而获取违法利益，但允许个人和各经济主体获取合法的自身利益。

面对经济利益的驱动和道德观念相悖的困境，会计职业道德要求会计人员在会计职业活动中，较多关注社会公众利益，保持廉洁奉公、客观公正的职业品德。例如我们会计人员所处的单位利益与社会公众利益发生冲突时，当然要以社会公众利益为重。

2．发展的稳定性

会计是一门实用性很强的经济学科，是为加强经营管理，提高经济效益，规范市场经济秩序，维护社会公众利益服务的。在市场经济活动中，作为对单位经济业务事项进行确认、计量、记录和报告的会计，会计标准的设计，会计政策的制定，会计方法的选择，都必须遵循其内在的客观经济规律和要求。正因为人们面对的是共同的客观经济规律，所以，会计职业道德主要依附于历史继承性和经济规律，在社会经济关系不断的变迁中，保持自己的相对稳定性。没有任何一个社会制度能够容忍虚假会计信息，也没有任何一个经济主体会允许会计人员私自向外界提供或者泄露单位的商业秘密，会计人员在职业活动中诚实守信、客观公正等是会计职业的普遍要求。

3. 广泛的社会性

会计职业道德是人们对会计职业行为的客观要求。从受托责任观念出发，会计目标决定了会计所承担的社会责任。尤其是随着企业产权制度改革的不断深化，会计不仅要为政府机构、企业管理层、金融机构等提供符合质量要求的会计信息，而且要为投资者、债权人及社会公众服务。会计因其服务对象涉及社会的方方面面，提供的会计信息是公共产品，所以会计职业道德的优劣将影响国家和社会的公众利益。

在深圳证券交易所上市的广厦(银川)实业股份有限公司(简称银广厦)会计造假丑闻就是一个典型例子。该上市公司通过伪造购销合同、伪造出口报关单、虚开增值税专用发票、伪造免税文件和伪造金融票据等手段，虚构巨额利润 7.45 亿元。该公司的股票在其会计造假丑闻败露后股价大幅下跌，使广大股东遭受了巨大的损失，严重干扰了社会经济的正常秩序。

可见，会计信息质量直接影响着社会经济的发展和社会经济秩序的健康运行，会计职业道德必将受到社会关注，具有广泛的社会性。

4. 适度的约束性

这里不能说会计职业道德就是有强制性的，而是有一定的强制性。一般来说，法律具有强制性，而道德是不具有强制性的。但是，在我们国家，为了强化会计职业道德的调整职能，我国会计职业道德中的许多内容都被纳入了会计法律法规。例如《会计法》《会计工作规范》等都对会计职业道德的内容和要求做出了规定。因此，会计职业道德也就体现出了一定的强制性。但并不是每一项职业道德都必须做，不做就要承担法律责任。

会计人员职业道德规范的对象既有单位会计人员，也有注册会计师。注册会计师还应当遵守中国注册会计师协会发布的《注册会计师职业道德基本准则》。

二、会计职业道德功能

(一)指导功能

指导功能，即指导会计人员行为的功能。会计职业道德对会计的行为动机提出了相应的要求，例如诚实守信、客观公正等，引导、规劝、约束会计人员树立正确的职业观念，遵循职业道德要求，从而达到规范会计行为的目的。

(二)评价功能

评价功能，即根据一定的道德标准对会计人员的行为进行评价的功能。会计职业道德在现实工作中可以评价会计人员的工作，具有评价功能。在现实工作中，会计法律虽可以对会计人员不得违法作出规定，但很难规范会计人员的所有行为，包括对会计从业人员非常重要的会计

职业素养。一个会计人员如果缺乏爱岗敬业、诚实守信等品质和必要的职业技能，会计信息也很难真实、完整。因此，会计职业道德可以成为已形成会计法律的有益补充，对会计人员的职业道德行为给予评价。

(三)教化功能

会计职业道德既有道德的一般特征，即倡导会计从业人员自觉遵守职业行为的一面。同时，会计职业道德的许多内容都直接纳入了会计法律制度，又有强制的一面。例如，《会计法》《会计基础工作规范》等都规定了会计职业道德的内容和要求。因此，会计职业道德对于会计人员的行为有教化功能。

三、会计职业道德与会计法律制度

随着市场经济的逐步发展、成熟，为了保证市场经济主体之间的公平竞争，需要有完备的法律制度，同时在会计活动中，会计人员的职业道德建设显得越来越重要，发挥着越来越重要的作用。会计职业道德和会计法律制度作为社会规范，都属于会计人员行为规范的范畴，两者就有联系，也有区别。

(一)会计职业道德与会计法律制度的关系

会计职业道德与会计法律制度有着共同的目标、相同的调整对象，承担着同样的责任，两者联系密切。作用上相互补充，内容上相互渗透，地位上相互转化，实施上相互促进。主要表现在以下几个方面：

1. 两者在根本目标上一致

会计职业道德目标在于激发会计人员的工作热忱，提高责任感，达到为单位利益、国家利益更好地服务。法律也是通过维持秩序，达到提高国家、集体利益的目的。

2. 两者在作用上相互补充

在规范会计行为中，我们不可能完全依赖会计法律制度的强制功能而排斥会计职业道德的教化功能，会计行为不可能都由会计法律制度进行规范，不需要或不宜由会计法律制度进行规范的行为，可通过会计职业道德规范来实现，同样，那些基本的会计行为必须运用会计法律制度强制规范。

3. 两者在内容上相互渗透，相互重叠

会计法律制度中含有会计职业道德规范的内容，同时，会计职业道德规范中也包含会计法律制度的某些条款。

4. 两者在地位上相互转化、相互吸收

最初的会计职业道德规范就是对会计职业行为约定俗成的基本要求，后来制定的会计法律制度吸收了这些基本要求，便形成了会计法律制度，可以说，会计法律制度是会计职业道德的最低要求。

两者在实施过程中相互作用，会计职业道德是会计法律制度正常运行的社会和思想基础，

会计法律制度是促进会计职业道德规范形成和遵守的重要保障。

(二)会计职业道德与会计法律制度的主要区别

1. 性质不同

会计法律制度通过国家机器强制执行，具有很强的他律性。会计职业道德依靠会计从业人员的自觉性，自愿地执行，并依靠社会舆论和良心来实现，基本上是非强制执行的，具有很强的自律性。

2. 作用范围不同

会计法律制度侧重于调整会计人员的外在行为和结果的合法化，具有较强的客观性。会计职业道德不仅要求调整会计人员的外在行为，还要调整会计人员内在的精神世界。会计法律制度的各种规定是会计职业关系得以维系的最基本条件，是对会计从业人员行为的最低限度的要求，用以维持现有的会计职业关系和正常的会计工作秩序。有的不良会计行为只是违反了会计职业道德而没有违反会计法律制度。

3. 表现形式不同

会计法律制度是通过一定的程序由国家立法部门或行政管理部门制定、颁布和修改的，其表现形式是具体的、明确的、正式形成文字的成文条例。而会计职业道德表现形式既有明确的成文的规定，也有不成文的规范。

4. 实施保障机制不同

会计法律制度不仅仅是一种权利和义务的规定，而且是国家强制力保障实施的。会计法律制度的这种保障机制不仅体现在其法律规范的内容中具有明确的制裁和处罚条款，而且体现在设有与之相配合的权威的制裁和审判机关。而会计职业道德上既有国家法律的要求，更需要会计人员的自觉遵守。

会计法律制度是会计职业道德的最低要求，会计职业道德是对会计法的重要补充，其作用是会计法所不能代替的。

(三)会计行为的法治与德治

法治是指以民主为前提和基础，以严格依法办事为核心，以制约权力为关键的社会管理机制、社会活动方式和社会秩序状态。德治是指通过理论教育，具体人懂得集体效益更大化的道理、义理和法理，从而使具体人在遵照集体效益更大化的社会规律办事。

德治和法治同为上层建筑，法治需要德治的支持和配合，德治需要法治的保障和辅助，在法律的制定过程中，总是以法律规范的形式，对道德基本原则和要求予以承认，使之成为人们的法律义务。在道德规范成为法律规范后，就意味着道德规范的这部分内容有了双重保障，从而更有力地保证了它们在现实生活中更好地实现。

会计法治是指把会计法规作为会计行为的绝对标准加以确定，实现会计立法、司法、执法、守法和法律监督的现代化，最终达到理想的会计工作秩序和稳定的会计社会状态。会计德治是指以良好的会计职业道德，调节和控制会计行为，客观地反映会计主体的经济事项，提供真实、

可靠的会计信息，满足决策者的最佳需求。

在规范会计行为、维护社会主义市场经济秩序的过程中，既要坚持不懈地加强会计法律制度建设，也要坚持不懈地加强会计职业道德建设。如何将两者紧密结合起来呢？

(1) 正确理解“法治”与“德治”的重要思想，在会计工作中，坚持两者相结合，加强会计行为规范、提高会计信息质量。

(2) 加强对会计人员的法制教育和职业道德教育。通过会计法制教育，会计人员可以养成自觉遵纪守法的良好习惯，并运用法律手段保证会计行为的合法性。通过会计职业道德教育，提高会计人员的职业素养，增强对工作的责任感。

第二节 会计职业道德规范的主要内容

会计职业道德规范是指在一定社会经济条件下，对会计职业行为及职业活动的系统要求或明确规定，是职业道德在会计职业行为和会计执业活动中的具体表现。我国会计职业道德规范的主要内容包括爱岗敬业、诚实守信、廉洁自律、客观公正、坚持准则、提高技能、参与管理、强化服务八个方面。

一、爱岗敬业

(一)爱岗敬业的含义

爱岗敬业是会计职业道德的基础。要求会计人员热爱会计工作、安心本职岗位，忠于职守、尽心尽力、尽职尽责。具有会计职业的荣誉感和自豪感，有高度的劳动热情和创造性，以强烈的事业心、历史责任感从事会计工作。

(二)爱岗敬业的基本要求

1. 热爱会计工作，敬重会计职业

会计人员的爱岗敬业精神，自始至终都是以他们对职业的认识程度以及所采取的态度作为行动的指导并体现在实际工作中的。只要人们根据自己的爱好、兴趣和特长来选择职业，通常都会对所选职业充满热情。但是，当所从事的职业和自己的兴趣、爱好不一致时，要求人们对其所从事的职业有一个正确的认识态度。如果我们做了会计，就应该热爱会计工作，敬重会计工作。即使对会计职业并不感兴趣，只要树立了“干一行，爱一行”的职业思想，就会发现会计职业中的乐趣。

2. 严肃认真，一丝不苟

会计工作是一项严肃细致的工作，没有严肃认真的工作态度和一丝不苟的工作作风，就容易出现偏差。会计人员应该把对会计工作的热爱，体现为对工作所必需的职业技能态度上，对一些损失浪费、违法乱纪行为和一切不合法、不合理的业务开支，严肃、认真地对待，把好费用支出关。

3．忠于职守，尽职尽责

忠于职守主要表现在三个方面，即忠于服务主体、忠于社会公众、忠于国家。会计人员首先要忠于服务的主体，客观反映其经济情况，监督其财产安全，为会计主体的发展服务；其次忠于社会公众，真实提供会计信息，让投资者、债权人及其他社会公众获取客观真实的财务信息，从而做出合理的决策。注册会计师不仅要忠实于服务主体，而且更要忠实于社会公众。最后是忠实于国家利益，即社会整体利益。任何一个法人组织的经济活动，都是整个国民经济的一个组成部分，会计信息是否真实、完整、准确，均影响着国家宏观经济调控的决策。因此，忠于国家实际上是对社会整体利益负责。能否对社会整理利益负责，是衡量会计人员是否称职的基本标准。

二、诚实守信

(一)诚实守信的含义

诚实，是指言行跟内心思想一致，不弄虚作假，不欺上瞒下，做老实人、说老实话、办老实事。守信，就是遵守自己所做出的承诺，讲信用，重信用，信守诺言，保守秘密。诚实和守信两者意思上是相同的，诚实是守信的基础，守信是诚实的具体表现，不诚实很难做到守信，不守信也很难说是真正的诚实。

市场经济越发达，职业分工越社会化，道德信誉就越重要。信用是维护市场经济步入良性发展轨道的前提和基础，是市场经济市场赖以生存的基石。诚实守信是做人的基本准则，是人类交往中产生出的最根本的道德规范，也是职业道德的精髓。

(二)诚实守信的基本要求

1．做老实人，说老实话，办老实事，不搞虚假

会计人员是否有诚实守信的道德观念，将直接影响会计信息的真实性和完整性。做老实人、要求会计人员言行一致，表里如一，光明正大；说老实话，要求会计人员说话诚实，是一说一，是二说二，不夸大，不缩小，不隐瞒，如实反应和披露单位经济业务事项；办老实事，要求会计人员工作踏踏实实，不弄虚作假，不欺上瞒下。

总之，会计人员应言行一致，实事求是，如实反映单位经济业务活动情况，不为个人和小集团利益，伪造账目，弄虚作假，损害国家和社会公众利益。

2．实事求是，如实反映

会计是经济管理的重要组成部分，会计活动的目的就是要为会计信息使用者提供真实、可靠、相关的会计信息。会计资料不仅是各单位进行经营管理和业务管理的依据，也是国家据以进行宏观经济分析和调控的重要依据。

近年来，会计信息失真问题愈演愈烈，已经成为我国经济生活中亟待克服的顽症。因此，会计人员在办理会计事务中，必须以实事求是的精神和客观公正的态度，完整、准确、如实地反映各项经济活动的情况，不隐瞒歪曲，不弄虚作假。维护会计信息的真实性，是会计职业道

德起码要求。

3. 保守秘密，不为利益所诱惑

在市场经济中，商业秘密可以带来经济利益，而会计人员因职业特点经常接触到一些单位和个人的秘密。所谓保守秘密就是指会计人员在履行自己的职责时，应树立保密观念，做到保守商业秘密，对机密资料不外传、不外泄。这是会计人员应尽的义务，也是诚实守信的具体体现。

4. 执业谨慎，信誉至上

诚实守信，要求注册会计师在职业中，始终保持应有的谨慎态度，对客户和社会公众尽职尽责，形成“守信光荣，失信可耻”的氛围，以维护职业信誉。

注册会计师在选择客户时应当谨慎，不要一味追求利润，迎合客户的不正当要求，违背职业道德。正确估计自身知识、经验及专业能力，承担与能力相符的委托业务。严格按照注册会计师执业准则和执业规范、程序实施审计。

三、廉洁自律

(一)廉洁自律的含义

廉洁自律要求会计人员公私分明、不贪不占、遵纪守法、清正廉洁。这是由会计职业的特点决定的，是职业道德的内在要求和行为准则，是会计职业道德的前提。会计活动涉及国家单位、投资者、债权人等方面，会计人员如何处理直接影响他们的利益，会计从业人员只有自身做到廉洁自律，才能理直气壮地行使核算和监督的会计职能，保证会计活动的正常进行。自律的核心是自觉抵制自己的不良欲望；廉洁是会计职业道德自律的基础，而自律是廉洁的保证。

(二)廉洁自律的基本要求

1. 树立正确的人生观和价值观

会计人员要廉洁自律，应树立正确的人生观和价值观，彻底摒弃“金钱至上，金钱万能”的人生哲学。在不义之财面前不动心，绝不利用手中的权力贪占便宜。

2. 公私分明，不贪不占

公私分明就是指严格划分公与私的界线。如果公私分明，就能够廉洁奉公，做到“常在河边走，就是不湿鞋”。如果公私不分，就会出现以权谋私的贪污腐败现象。

廉洁自律的天敌就是“贪”“欲”。在会计工作中，由于会计人员会接触大量的钱财，因此，很容易诱发会计人员的“贪”“欲”。一些会计人员贪图金钱和物质上的享受，利用职务之便，自觉或不自觉地行“贪”。有的被动受贿，有的主动索贿，有的贪污、挪用公款，有的监守自盗，有的集体贪污。究其根本原因是这些会计人员忽视了世界观的自我改造，放松了道德的自我修养，弱化了职业道德的自律。

3. 遵纪守法，尽职尽责

遵纪守法，正确处理会计职业权利与职业义务的关系，增强抵制行业不正之风的能力，是会计人员廉洁自律的有一个基本要求。《会计法》中明确了会计人员相应的职业权利和义务。

会计人员不仅要遵纪守法，不违法乱纪、以权谋私，做到廉洁自律；而且要敢于、善于运用法律法规赋予的职业权利，尽职尽责，勇于承担职业责任，履行职业义务，保证廉洁自律。

【案例分析 5-1】

小赵是甲公司的会计，其朋友开了一家工厂（简称乙厂），一天，其朋友请小赵将甲公司的投标书借过一用，小赵十分为难，但不好拒绝，于是悄悄将投标书复印一份交给了朋友，十天后，在公开竞标中，乙厂中标，而相对实力较强的甲公司却没有中标。

问：小赵的行为违背了哪些会计职业道德规范？哪些部门可对其进行处罚？

四、客观公正

(一)客观公正的含义

客观公正要求会计人员端正态度，依法办事，实事求是，不偏不倚，保持应有的独立性。在会计职业中，客观公正是会计人员必须具备的行为品德，是会计职业道德规范的灵魂。客观要求会计人员在处理经济业务时必须以实际发生的交易或事项为依据，公正要求会计准则不偏不倚、一视同仁；会计人员在履行会计职能时，应摒弃单位、个人私利，不偏不倚地对待有关利益各方。

客观公正应贯穿于会计活动的整个过程：一是会计核算过程的客观公正，即会计人员在具体进行业务处理或需要进行职业判断时，应保持客观公正的态度，实事求是，不偏不倚。二是最终结果公正，是指会计人员对经济业务的处理结果是公正的。

总之，会计核算过程的客观公正和最终结果的客观公正都是十分重要的，没有客观公正的会计核算过程作为保证，结果的客观公正性就难以保证；没有客观公正的结果，业务操作过程的客观公正就失去了意义。

(二)客观公正的基本要求

1. 端正态度

坚持客观公正原则的基础是会计人员的态度、专业知识和专业技能。没有客观公正的态度，不可能尊重事实。有了正确的态度之后，没有扎实的理论功底和较高的专业技能，工作也会出现失误。

2. 依法办事

依法办事，认真遵守法律法规，是会计工作保证客观、公正的前提。当会计人员有了端正的态度和专业知识技能之后，必须依据《会计法》《企业会计准则》《企业会计制度》等法律、法规和制度的规定进行会计业务处理，并对复杂疑难的经济业务，做出客观的会计职业判断。总之，只有熟练掌握并严格遵守会计法律法规，才能客观公正地处理会计业务。

3. 保持独立性

独立性包括实质上的独立和形式上的独立两层含义。

(1) 实质上的独立也称为精神上的独立，指会计人员执行业务时应当不受个人或外界因素

的约束、影响和干扰，保持客观且无私的精神和意志。实质上的独立：①会计核算环节的独立性，即会计人员进行凭证、账簿、报表等的处理时，按照会计准则，不受控制和干扰；②会计监督环节的独立性，即对凭证受理、审核、监管等，按照会计法规独立操作，不受控制和干扰。

(2) 形式上的独立，指会计人员表现出适当的独立身份。形式上的独立：①财务利益上的独立，例如实行会计委派制；②回避亲属关系；③不相容职务相互分离；④部门独立，即单独设置机构。

保持独立性，对于注册会计师行业尤为重要。注册会计师的职业特征是维护国家和社会公众利益。注册会计师在进行职业判断时，将会涉及多方的利益，当处理这些复杂的利益关系时，绝不能采取折中的态度和方法。注册会计师应始终站在第三者的独立立场上，不偏不倚地对待有关利益各方。独立是客观、公正的基础，也是注册会计师行业存在的基础。

五、坚持准则

(一)坚持准则的含义

所谓坚持准则，要求会计人员熟悉国家法律、法规和国家统一的会计制度，始终坚持按法律法规和国家统一的会计制度的要求进行会计核算，实施会计监督。这里所说的“准则”，就是国家的法律法规、国家统一的会计制度及与会计工作相关的法律制度。因此，坚持准则就是坚持依法办理会计事务。

坚持准则是会计职业道德的核心。

(二)坚持准则的基本要求

1. 熟悉准则

熟悉准则就是指会计人员应了解和熟练掌握《会计法》和国家统一的会计制度及与会计相关的法律制度，这是遵循准则、坚持准则的前提，同时应当正确领会准则，只有这样才能按照准则办事。

2. 遵循准则

遵循准则即执行准则。准则是会计人员开展会计工作的外在标准和参照物。会计人员在业务处理过程中，必须严格依据规定行事，不能根据职务高低、关系亲疏来确定执行准则的宽严程度。会计人员不仅自己要自觉地严格遵守各项准则、还要敢于要求他人遵守准则，避免违法违纪行为的发生。

会计人员要及时学习、掌握准则的最新变化，了解本部门、本单位的实际情况。当实际经济活动中出现新情况、新问题以及准则未涉及的经济业务或事项时，能够运用所掌握的会计专业理论和技能，做出客观的职业判断，准确地理解和执行准则。

3. 坚持准则

在企业的经营活动中，当国家利益、集体利益与单位、个人利益发生冲突时，会计人员要以国家法律法规、制度准则为准绳。依法履行会计监督职责，当依法办理会计事务受到干扰、阻碍和挑战时，仍应当依法办理，坚持准则。

六、提高技能

(一)提高技能的含义

所谓提高技能就是要求会计人员通过学习、培训和实践等途径，增强提高专业技能的自觉性和紧迫感，勤学苦练，刻苦钻研，不断进取提高业务水平。包括会计专业理论水平、会计实务操作能力和职业判断能力等三个方面。

(二)提高技能的基本要求

1．要有不断提高会计专业技能的意识和愿望

随着市场经济的发展、全球经济一体化以及科学技术日新月异，会计人员要适应时代发展的步伐，就要有危机感、紧迫感，要有不断提高专业技能的愿望和要求。不断进取，主动地求知、求学，刻苦钻研，使自身的专业技能不断提高。

2．要有勤学苦练的精神和科学的学习方法

会计理论不断创新，新的会计学科分支不断出现，金融工具和网络技术的发展，要求会计人员去不断地学习与探索。没有精益求精的“敬业”精神，就不能更好地为企业的发展出谋划策，解决工作中的难题。只有锲而不舍地“勤学”，同时掌握科学的学习方法，在实践中不断锻炼，才能不断地提高自己的业务水平，才能推动会计工作和会计职业的发展，以适应不断变化的新形势和新情况的需求。

七、参与管理

(一)参与管理的含义

所谓参与管理，就是间接参加管理活动，为管理者当参谋，为管理活动服务。要求会计人员在做好本职工作的同时努力钻研相关业务，全面熟悉本单位经营活动和业务流程，主动提出合理化建设，协助领导决策，积极参与管理。

(二)参与管理的基本要求

1．娴熟的专业技能

娴熟的专业技能是会计人员参与管理的前提。会计人员应当努力钻研业务，使自己的知识和技能适应所从事工作的要求。

首先，要求会计人员要有扎实的基本功，做好会计核算的各项基础性工作，确保会计信息真实、完整。

其次，要充分利用掌握的大量会计信息去分析单位的管理，从财务会计的角度渗透到单位的各项管理中，真正成为决策层的参谋助手。

2．熟悉服务对象的经营活动和业务流程

会计人员应当熟悉本单位的生产经营、业务流程和管理情况，掌握单位的生产经营能力、技术设备条件、产品市场及资源状况等情况，只有这样才能充分利用会计工作的优势，更好地

满足经营管理的需要，从而更有效地服务于单位的总体发展目标。

八、强化服务

(一)强化服务的含义

所谓强化服务就是要求会计人员树立服务意识，提高服务质量。努力维护和提升会计职业良好的社会形象。大事讲原则，小事讲风格，沟通讲策略。各行各业及其工作人员都是通过各自的职业活动，直接或间接地满足社会上其他行业及其成员的需求。因此，每个职业劳动者既是服务者，又是被服务者，整个社会各个行业之间互相联系、互相配合。

强化服务的结果就是奉献社会，任何职业的利益、劳动者个人的利益都必须服从社会的利益、国家的利益。如果说爱岗敬业是职业道德的出发点，那么，强化服务、奉献社会就是职业道德的归宿点。

(二)强化服务的基本要求

1. 强化服务意识

会计人员要树立强烈的服务意识，不论是为经济主体服务，还是为社会公众服务，都要摆正自己的工作位置。管钱管账是自己的工作职责，参与管理是自己的义务，会计人员应从内心树立服务意识，为管理者服务，为所有者服务，为社会公众服务，为人民服务。履行会计职能，才能更好地为单位、为社会经济的发展做出应有的贡献。

2. 提高服务质量

强化服务的关键是提高服务质量。质量上乘，并非无原则地满足服务主体的需要，而是在坚持原则、坚持会计准则的基础上尽量满足用户或服务主体的需要。

单位会计人员的服务质量表现在，是否真实地记录单位的经济活动，是否向有关方面提供了可靠的会计信息，是否积极主动地向单位领导反映了经营活动情况和存在的问题。协助领导决策，参与经营管理活动。

注册会计师的服务质量表现在，是否以客观、公正的态度正确评价委托单位的财务状况、经营成果，出具恰当的审计报告，为社会公众及信息使用者提供了好服务。

【案例分析 5-2】

会计人员看人办事：“官大办得快，官小办得慢，无官拖着办”。出纳员在报账时，对关系好的人很快就报，关系不好的则以账面无钱为由拖延报账。

这些现象违背了哪种会计职业道德规范？为什么？

第三节 会计职业道德教育与修养

发挥会计职业道德的作用，提升我国会计人员会计职业道德水平，要多管齐下，开展全方位、多形式、多渠道的会计职业道德教育，逐步培养会计职业道德感情，树立会计职业道德观念。

一、会计职业道德教育概述

（一）会计职业道德教育的含义

会计职业道德教育是指根据会计工作的特点，有目的、有组织、有计划地对会计人员施加系统的会计职业道德影响，促使会计人员形成会计职业道德品质，履行会计职业道德义务的活动。

（二）会计职业道德教育的内容

会计职业道德教育的主要内容包括以下几方面内容。

1. 职业道德观念教育

会计职业道德观念教育是通过学习会计职业道德知识，树立会计职业道德观念，了解会计职业道德对社会经济秩序、会计信息质量的影响，以及违反会计职业道德将受到的惩戒和处罚。《公民道德建设实施纲要》指出："社会是进行公民道德教育的大课堂。党政各部门、社会各方面以及城市社区、农村基层组织在公民道德教育中，有着义不容辞的责任。要结合各自的工作职能，运用多种形式和手段，大力宣传基本道德知识、道德规范和必要礼仪，使之家喻户晓、人人皆知。"

普及会计职业道德基础知识，是会计职业道德教育的基础，也是重要的一环。应广泛宣传会计职业道德基本常识，使广大会计人员懂得什么是会计职业道德，它对社会经济秩序、会计信息质量有何重要影响；懂得一旦违反会计职业道德，除了受到良心和道义上的谴责外，还会受到行业惩戒和处罚。把会计职业道德教育同社会教育、学校教育、家庭教育结合起来。采取广播电视、报刊杂志等媒介普及会计职业道德知识，形成会计人员遵守职业道德光荣，不遵守职业道德可耻的社会氛围。

2. 职业道德规范教育

职业道德规范教育是指对会计人员开展以会计职业道德规范为内容的教育。会计职业道德规范的主要内容是爱岗敬业、诚实守信、廉洁自律、客观公正、坚持准则、提高技能、参与管理和强化服务等。这是会计职业道德教育的核心内容，涵盖的内容非常广泛，应贯穿于会计职业道德教育的始终。

3. 职业道德警示教育

会计职业道德的警示教育，是通过对违反会计职业道德行为和违反会计法律行为的典型案例进行剖析和讨论，从中得到警示，提高会计人员的法律意识和会计职业道德意识，增强辨别是非的能力。

（三）会计职业道德教育途径

1. 岗前职业道德教育

岗前职业道德教育是指对将要从事会计职业的人员进行的道德教育。包括会计专业学历教育及获取会计从业资格中的职业道德教育。教育的侧重点应放在职业观念、职业情感及职业规

范等方面。

(1) 会计学历教育中的职业道德教育。《公民道德建设实施纲要》中指出："学校是进行系统道德教育的重要阵地。各级各类学校必须认真贯彻党的教育方针，全面推进素质教育"，在我国大专院校是培养各类专门人才的基地，其会计类专业就读的学生，是会计队伍的预备人员，他们当中大部分将走入会计队伍，从事会计工作。

在会计学历教育的阶段是他们的会计职业情感、道德观念和是非善恶判断标准初步形成的时期，因此会计专业类大专院校是会计职业道德教育的重要阵地，是会计人员岗前道德教育的主要场所，在会计职业道德教育中具有基础性地位。据统计，我国每年有 10 万名左右的大中专毕业生进入会计队伍的行列。为保证进入到会计队伍的新鲜血液具有良好的职业道德观念，会计职业道德教育必须从会计学历教育抓起。

(2) 获取会计从业资格中的职业道德教育。在我国，根据财政部门的有关规定，从事会计工作必须持证上岗。对于要从事会计工作的从业人员来说，必须通过考试取得会计从业资格。为了使希望从事会计职业的人员在进入会计岗位时具备一定的会计职业道德，财政部在会计从业资格考试科目中增加了《财经法规与会计职业道德》。我国注册会计师资格《审计》科目的考试中，也加入了注册会计师职业规范体系和注册会计师法律责任的内容。这就是说从事会计工作，就要接受必要的会计职业道德教育。

2. 岗位职业道德继续教育

(1) 政治思想教育。教育的重点是要贯彻"以德治国"重要思想和"诚信为本，操守为重，坚持准则，不做假账"的指示精神，进一步全面、系统地加强会计职业道德培训，提高广大会计人员的政治水平和思想道德意识。

(2) 品德教育。教育的重点是引导会计人员自觉地用会计职业道德规范指导和约束自身的行为，提高职业道德自律能力，最终形成良好的、稳定的道德品行。

(3) 法制教育。教育的重点是引导会计人员熟悉并了解不同历史时期的会计法律法规政策，学会运用法律的手段处理会计事务。

会计职业道德教育贯穿于整个会计人员继续教育的始终。

二、会计职业道德修养

(一)会计职业道德修养的含义

会计职业道德修养，是指会计人员在会计职业活动中，按照会计职业道德的基本要求，在自身道德品质方面进行的自我教育、自我改造、自我锻炼、自我提高，从而达到一定的职业道德境界。

(二)会计职业道德修养的环节

1. 形成正确的会计职业道德认知

所谓会计职业道德认知，主要是指对会计职业道德行为、准则及其意义的理解和掌握。会计人员必须学习相关的职业道德知识，正确理解和掌握会计职业道德规范、道德理想和道德品质的基本内容，自觉抵制市场经济条件下各种腐朽思想和不良风气的诱惑，自觉遵守会计职业道德的原则和规范。

2. 培养高尚的会计职业道德情感

所谓会计职业道德情感，是指会计人员基于一定的道德认识，在处理职业活动中的各种道德关系和道德行为时产生的情绪体验。正义感、责任感、义务感、良心感和荣誉感等，都是职业道德情感，而职业道德情感的培养，主要是指职业责任感和职业荣誉感的培养。

3. 树立坚定的会计职业道德信念

会计职业道德信念是会计人员对会计职业道德义务的强烈责任感和会计职业理想目标的坚定信念。是否具备坚定的会计职业道德信念，是衡量会计人员职业道德素质高低的重要标志。会计人员确定了坚定的会计职业道德信念，必然会对自己的职业充满热情，会自觉地按照职业道德规范的要求，忠实地履行自己的义务，以坚忍不拔的毅力维护会计纪律，努力做好相关工作。

4. 养成良好的会计职业道德习惯

会计职业道德习惯，是指会计人员在会计职业道德规范的调解下所采取的行为，当这些行为反复持久、习以为常之后，就形成了职业习惯。这种自觉行为不是自发产生的，而是通过职业道德修养才形成的，因此，在职业道德修养中，会计人员要特别注意培养自己良好的会计职业道德习惯。

(三)会计职业道德修养的方法

高尚的会计职业道德的形成，不是一蹴而就的，而是刻苦进行道德修养的结果。只有在社会实践中不断磨练，才能不断提高会计职业道德修养。

会计职业道德修养的方法主要有以下几方面。

1. 不断地进行“内省”

因为会计工作是一项既复杂又细致的工作，所以在会计职业道德修养的方法上，提倡通过自我反思、自我解剖、自我总结而发扬长处、克服短处，不断地自我升华、自我超越。

2. 要提倡“慎独”精神

会计职业道德修养中的“慎独”，即一个人单独处事、无人监督的情况下，也能够自觉地按照道德准则去办事。慎独，既是一种会计职业道德修养的方法，又是一种很高的境界。通过自我约束、自我监督，可以更好地培养、锻炼坚强的职业道德信念和意志。慎独的前提是坚定的职业信念和职业良心，无论法律规范是否有漏洞，也不管是否有人监督，都按照职业道德的要求去办。

3. 虚心向先进人物学习

在自我修养中，学习先进人物的优良品质也是一种很重要的方法。见到高尚、贤能的人，就向他学习；见到品行卑劣的人，就反省自己是否也有同样的行为。会计人员优秀、先进的思想既能够帮助会计人员提高职业道德认识，又能激发会计人员的职业道德情感，榜样的力量是

其他教育形式不能代替的。会计人员应该从先进人物的身上吸取前进的动力，不断锻炼和改造自己，从而提升自身的会计职业道德修养。

【案例分析 5-3】

某企业每周二下午都有两个小时固定的业务理论学习时间。因为会计人员工作繁忙，所以现会计主管向领导提出，财务部门的全体人员能否不参加或少参加学习。

试分析：该会计主管的建议是否合理？为什么？

第四节 会计职业道德建设

会计职业道德建设是一项复杂的系统工程，要抓好会计职业道德建设，关键在于加强和改善会计职业道德建设的组织和领导，并得到切实贯彻和实施。《会计法》第七条规定：国务院财政部门主管全国的会计工作，县级以上地方各级人民政府财政部门管理本行政区域内的会计工作。

会计职业道德建设是会计管理工作的重要组成部分，是实现《会计法》立法宗旨的德治建设，是当前会计管理工作的一项十分重要的内容，应当切实抓好。要做好会计职业道德建设，必须发挥财政部门的政府主导作用；加强会计行业的职业道德建设具有很强的现实意义。

一、财政部门的组织推动

1. 采用多种形式开展会计职业道德宣传教育

加强会计职业道德建设是当前会计队伍建设和会计秩序建设的一项重要任务，需要各方面有计划、有步骤地开展会计职业道德的宣传教育工作。要结合本地实际情况，采取灵活多样的宣传形式，例如，举办会计职业道德有奖知识竞赛、征文、专题研讨等活动引导广大会计人员参与会计职业道德教育活动，充分运用广播、电视、网络等多种媒介，广泛宣传会计职业道德的现今典范，在全社会营造会计职业道德建设的良好氛围。

2. 会计职业道德建设与会计从业资格证书注册登记管理相结合

《会计基础工作规范》中规定，财政主管部门、业务主管部门和各单位应当定期检查会计人员遵守职业道德的情况，并作为会计人员晋升、晋级、聘任专业职务、表彰奖励的重要依据。不符合有关规定的不予通过年检，这样就会使会计人员像重视会计从业资格一样重视自身的职业道德操守，自觉遵守会计职业道德规范的要求。

3. 会计职业道德建设与会计专业技术资格考评、聘用相结合

我国《会计专业技术资格考试暂行规定》及其实施办法规定，报考初级资格、中级资格的会计人员，应坚持原则，具备良好的职业道德品质。因此，会计专业技术资格考试管理机构在组织报名时，应该对报名考试的会计人员进行职业道德情况的检查，对有不遵循会计职业道德记录的，取消其报名资格。另一方面，将会计职业道德奖惩与会计专业技术资格的考评、聘用联系起来，必将提高会计人员对自身会计职业道德的重视，使其在日常的学习工作中不断提高自身的职业道德修养。

4．会计职业道德建设与会计法执法检查相结合

财政部门在对社会各单位进行会计法律制度的情况及会计信息质量检查时，一方面督促各单位严格执行会计法律、法规，另一方面也对各单位会计人员遵守会计职业道德规范的情况进行了检查。违反《会计法》的行为，不仅应承担法律责任，而且也应受到道德的谴责。法律惩罚和道德惩罚两者并行不悖，应同时并举。

5．会计职业道德建设与会计人员表彰奖励制度相结合

《会计法》规定："对认真执行本法，忠于职守，坚持原则，作出显著成绩的会计人员，给予精神的或者物质的奖励。"对于符合会计职业道德规范的行为予以奖励，可以使受奖者感到对遵守道德规范的回报和社会的肯定，从而促进和强化道德行为。实践中的大量事实表明，奖励和惩罚相结合的方法优于单独使用其中任何一种方法。赏罚结合可以带来双重的激励效果。在会计职业道德建设中，应善于发现和树立榜样，通过对优秀会计人员的表彰、奖励，营造一个惩恶扬善的氛围，在潜移默化中提高全体会计人员的职业道德素质。

二、会计职业组织的行业自律

会计职业道德建设，除了依靠财政部门的组织推动外，行业自律也是一种重要的手段。会计行业自律是会计职业组织对整个会计职业的会计行为进行自我约束、自我控制的过程。会计职业组织起着联系会员与政府的桥梁作用，应充分发挥协会等会计职业组织的作用，改革和完善会计职业组织自律机制，有效发挥自律机制在会计职业道德建设中的促进作用。

三、社会各界齐抓共管

加强会计职业道德建设，是一项复杂的社会系统工程。《公民道德建设实施纲要》指出："推进公民道德建设，需要社会各方面的共同努力。各级宣传、教育、文化、科技、组织人事、纪检监察等党政部门，工会、共青团、妇联等群众团体以及社会各界，都应当在党委的统一领导下，各尽其责，相互配合，把道德建设与业务工作紧密结合起来，纳入目标管理责任制，制定规划，完善措施，扎实推进。要充分发挥各民主党派和工商联在公民道德建设中的作用。"因此，不仅各级党委组织要管，而且各级机关、群众组织也要管。只有加强各级组织、广大群众和新闻媒体的监督作用，才能形成合力，更有效地搞好会计职业道德建设。

习 题

一、单项选择题

1．"常在河边走，就是不湿鞋"这句话体现的会计职业道德是(　　)。

A．参与管理　　B．廉洁自律

C．提高技能　　D．强化服务

2．公司会计小李不仅熟悉会计电算化业务，而且还精通管理学科，经常为企业经营出谋划策，小李的行为体现出的会计职业道德有(　　)。

A．爱岗敬业，参与管理　　B．爱岗敬业，坚持准则

C．爱岗敬业，廉洁自律　　D．爱岗敬业，提高技能

3. 会计人员对于工作中知悉的商业秘密应依法保守，不得泄露，这是会计职业道德中(　　)的具体体现。

A．诚实守信　　B．廉洁自律

C．客观公正　　D．坚持准则

4．会计人员在工作中应主动就单位经营管理中存在的问题提出合理化建议，协助领导决策，这是会计职业道德中的(　　)所要求的。

A．提高技能　　B．参与管理

C．坚持准则　　D．爱岗敬业

5．会计职业道德的基本工作准则是(　　)。

A．诚实守信　　B．提高技能

C．服务群众　　D．奉献社会

6．会计职业道德自我教育的主要内容包括(　　)等方面的教育。

A．职业业务、职业荣誉、职业节操　　B．职业观念、法制观念、节操观念

C．道德观念、道德规范、道德警示　　D．职业权利、职业业务、职业荣誉

7．某公司因技术改造，资金周转困难，需要向银行贷款 3 000 万元。公司总经理找来返聘的老会计赵某，说："现在公司资金紧张，急需向银行贷款，提供给银行的会计报表一定要漂亮一点，请你负责技术处理一下。"赵某于是编制了一份漂亮的会计报告，获得银行 3 000 万元贷款。下列对赵某行为的认定中正确的有(　　)。

A．赵某的行为违反了坚持准则的会计职业道德要求

B．赵某的行为违反了客观公正的会计职业道德要求

C．赵某的行为违反了参与管理的会计职业道德要求

D．赵某的行为违反了强化服务的会计职业道德要求

8．客观公正的基本办事要求包括(　　)。

A．端正态度、依法办事、实事求是、保持独立性

B．端正态度、坚持准则、实事求是、保持独立性

C．公私分明、依法办事、实事求是、保持独立性

D．端正态度、忠于职守、实事求是、保持独立性

9．公司会计小李不仅熟悉电算化业务，而且对利用现代信息技术加强经营管理颇有研究。"非典"期间，小李向公司建议开辟网上业务洽谈，并实行优惠的折扣政策，公司采纳了小李的建议，使得当期销售未受影响，保持了较好的增长。小李的行为体现出会计职业道德的有(　　)。

A．爱岗敬业、参与管理　　B．爱岗敬业、坚持准则

C．爱岗敬业、廉洁自律　　D．提高技能、强化服务

10．(　　)是职业道德的出发点和归宿。

A．爱岗敬业　　B．诚实守信

C．办事公道　　D．奉献社会

二、多项选择题

1．下列关于会计职业道德作用的表述中，正确的有(　　)。

A．会计职业道德是对会计法律制度的重要补充

B．会计职业道德是规范会计行为的基础

C．会计职业道德是实现会计目标的重要保证

D．会计职业道德是提高会计人员素质的重要措施

2．会计职业道德教育的主要形式是(　　)。

A．接受教育　　B．学历教育

C．自我教育　　D．继续教育

3．下列属于会计职业道德规范教育的核心内容的有(　　)。

A．爱岗敬业，客观公正　　B．诚实守信，提高技能

C．廉洁自律，参与管理　　D．坚持准则，强化服务

4．下列各项中，体现会计职业道德“客观公正”要求的有(　　)。

A．公平正直　　B．如实反映

C．实事求是　　D．不偏不倚

5．下列各项中，符合会计职业道德“廉洁自律”要求的有(　　)。

A．树立正确的人生观和价值观

B．严格划分公私界线，公私分明，不贪不占

C．保守秘密，不为利益诱惑

D．遵纪守法，尽职尽责

6．会计职业道德具有的基本功能包括(　　)。

A．教化功能　　B．监督功能

C．评价功能　　D．指导功能

7．下列各项中，符合会计职业道德“参与管理”的行为有(　　)。

A．对公司财务会计报告进行综合分析并提交风险预警报告

B．参加公司重大投资项目的可行性研究和投资效益论证

C．分析坏账形成原因，提出加强授信管理、加快货款回收的建议

D．分析现金流量状况，查找存在的问题，提出改进措施

8．下列有关会计职业道德“客观公正”的表述中，正确的有(　　)。

A．依法办事是会计工作保证客观公正的前提

B．扎实的理论功底和较高的专业技能是做到客观公正的重要条件

C．在会计工作中客观是公正的基础，公正是客观的反映

D．会计活动的整个过程都离不开客观公开

9．下列各项中，符合会计师职业道德“强化服务”要求的有(　　)。

A．出纳人员对前来报销差旅费的人员笑脸相迎，并耐心解释凭证粘贴要求

B．会计人员向生产车间工人宣讲会计基础知识，推动了班组核算制度的顺利开展

C．稽核人员认真检查凭证内容与格式，并就规范领导审批程序提出建议

D．总会计师和会计机构负责人认真组织财务分析和财务控制，提出推行全面预算管理、促进增收节支、提高经济效益的建议

三、判断题

1．会计职业道德不仅要求调整会计人员的外在行为，还要求调整会计人员内在的精神世界。(　　)

2．会计职业道德与会计法律制度一样，都是以国家的强制力来保障实施的。(　　)

3．会计人员违背了会计职业道德，就会受到法律的制裁。(　　)

4．当单位利益与社会公众利益发生冲突时，会计人员应该首先维护社会公众利益。(　　)

5．社会实践是形成会计职业道德修养的根本途径。(　　)

6．会计职业道德规范的对象仅指单位会计人员，不包括注册会计师。(　　)

7．会计人员违反会计职业道德的，仅由所在单位进行处罚。(　　)

8．会计职业道德规范中的“坚持准则”不仅指会计准则，而且包括会计法律、法规、国家统一会计制度以及与会计工作相关的法律制度。(　　)

9．会计职业道德教育的自我教育是相对于接受教育而言的，是一种通过自我学习，增强自身道德修养的行为活动，是内在教育。(　　)

10．会计人员的工作于单位经营决策关系不大，没有必要要求会计人员参与管理。(　　)

四、案例分析

1．某公司财务部门年末时发现，该年度业务招待费超过规定的开支标准，于是，会计人员按照领导的意图，搞来一些假发票，准备将超支的业务招待费列缴管理费用的其他项目。

试问：这种做法是否违背会计职业道德？为什么 ？

2．会计职业道德培训后，小王认为会计职业道德就是会计人员在社会交往和公共生活中应遵循的行为准则；小宁认为，会计职业道德与会计法律制度在性质、实现形式上都一样；小赵认为，会计职业道德全部内容归纳起来就是一要廉洁自律，二要强化服务。

请问：三人的观点是否正确？

3．2012 年 11 月，东方公司因产品销售不畅，新产品研发受阻，公司将亏损 500 万元。刚刚上任的总经理责成总会计师孙某技术处理，将报表做成盈利的，孙某不知如何是好。

要求：分析总会计师孙某如何处理才能符合会计职业道德的要求，并简要说明理由。

参考文献

[1] 李立新．财经法规与会计职业道德．北京：机械工业出版社，2010.
[2] 张玉昆．财经法规与会计职业道德．哈尔滨：哈尔滨工程大学出版社，2011.
[3] 中国会计学会编写组．财经法规与会计职业道德．北京：经济科学出版社，2009.
[4] 吉文丽．经济法．北京：清华大学出版社，2011.
[5] 吉文丽．税法．北京：清华大学出版社，2011.